LIBRO DE LECCIONES Y TEORÍA

NIVEL **3**

PIANO
Adventures® *de Nancy y Randall Faber*

EL MÉTODO BÁSICO PARA PIANO

Este libro pertenece a: _____

Traducido y editado por Isabel Otero Bowen
y Ana Cristina González Correa

Agradecimiento a Mintcho Badev
Coordinador de producción: Jon Ophoff
Portada e ilustraciones: Terpstra Design, San Francisco
Grabado y tipografía: Dovetree Productions, Inc.

ISBN 978-1-61677-664-0

ÍNDICE

Haz un seguimiento de tu progreso: colorea o
pega una estrella al lado de cada pieza o ejercicio.

¡Prepárate para comenzar!
(repaso del Nivel 2)

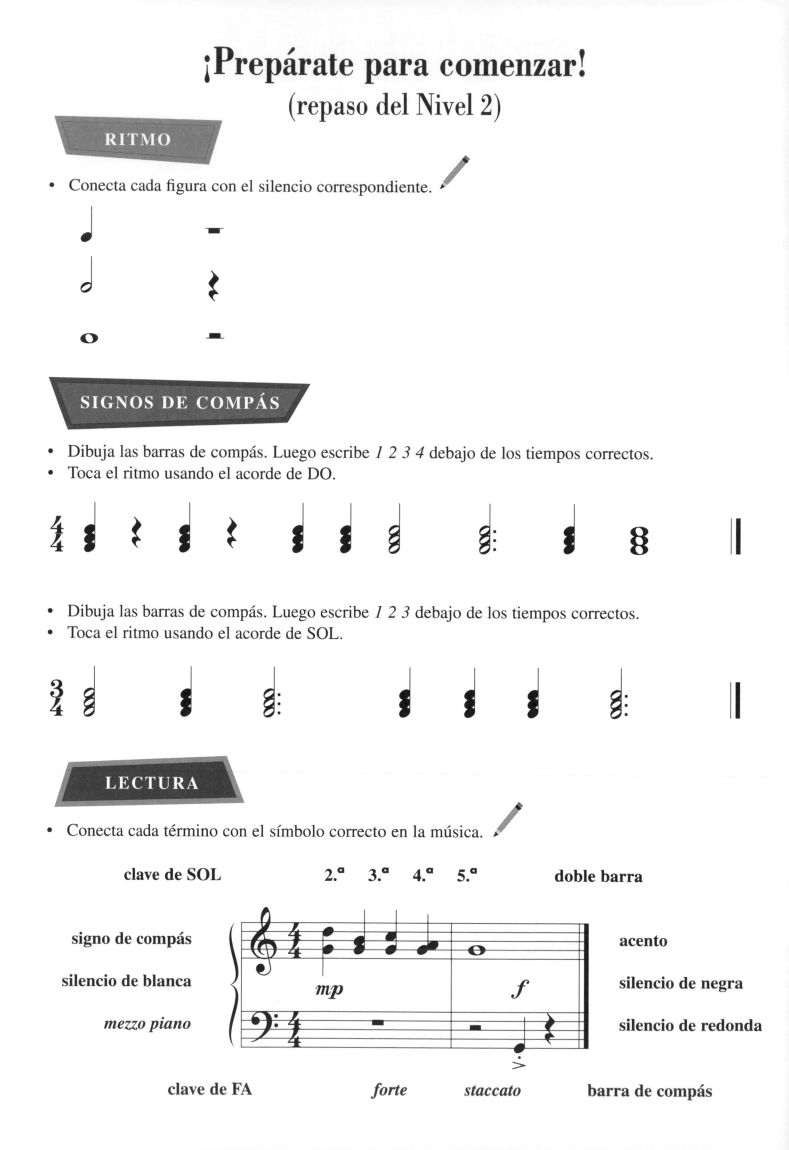

RITMO

• Conecta cada figura con el silencio correspondiente.

SIGNOS DE COMPÁS

• Dibuja las barras de compás. Luego escribe *1 2 3 4* debajo de los tiempos correctos.
• Toca el ritmo usando el acorde de DO.

• Dibuja las barras de compás. Luego escribe *1 2 3* debajo de los tiempos correctos.
• Toca el ritmo usando el acorde de SOL.

LECTURA

• Conecta cada término con el símbolo correcto en la música.

clave de SOL   2.ª   3.ª   4.ª   5.ª   doble barra

signo de compás   acento

silencio de blanca   silencio de negra

mezzo piano   silencio de redonda

clave de FA   *forte*   *staccato*   barra de compás

- Dibuja un ✔ en la tecla que está un **semitono** hacia arriba o hacia abajo de la ✘.

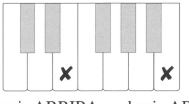

hacia ARRIBA   hacia ABAJO   hacia ARRIBA   hacia ABAJO

- ¿La nota sombreada es la **tónica** (grado 1) o la **dominante** (grado 5) de la escala? Encierra en un círculo la respuesta correcta.

Escala de DO de 5 dedos

tónica / dominante

Escala de DO de 5 dedos

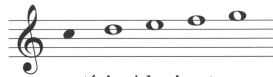

tónica / dominante

Escala de SOL de 5 dedos

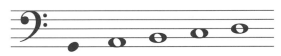

tónica / dominante

Escala de SOL de 5 dedos

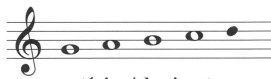

tónica / dominante

- Toca los siguientes acordes de **I** y **V⁷**:

Escala de DO de 5 dedos

I   V⁷   I

Escala de SOL de 5 dedos

I   V⁷   I

TÉRMINOS Y SÍMBOLOS

- Conecta con una línea cada término con su significado.

legato	• Un semitono más alto
staccato	• Uniforme, conectado
ritard.	• Corto, nítido
sostenido	• Cada vez más lento
bemol	• Un semitono más bajo

Guía de lectura de la clave de SOL

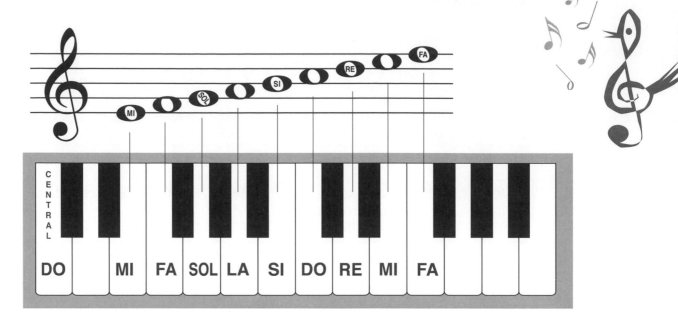

Ejercicio #1 de memoria

- Di rápidamente los nombres de las notas que se escriben en las LÍNEAS. Hazlo 3 veces.

- Di rápidamente los nombres de las notas que se escriben en los ESPACIOS. Hazlo 3 veces.

Ejercicio #3

- Tu profesor dirá: "línea 2" o "línea 5", etc. ¿Qué tan rápido puedes tocar la nota y decir su nombre?

- Repite el ejercicio con las notas que se escriben en los espacios. Por ejemplo: "espacio 2" o "espacio 4", etc.

Ejercicio #2

- Toca MI-SOL-SI-RE-FA dos veces.

- Toca FA-LA-DO-MI dos veces.

Ejercicio #4

- Sombrea las notas que se escriben en las LÍNEAS para que no puedas leer sus nombres.

- Tu profesor señalará cualquier nota. Tócala y di su nombre.

Ejercicio #5

- Nombra y toca las siguientes notas. Repite este ejercicio durante muchas lecciones.

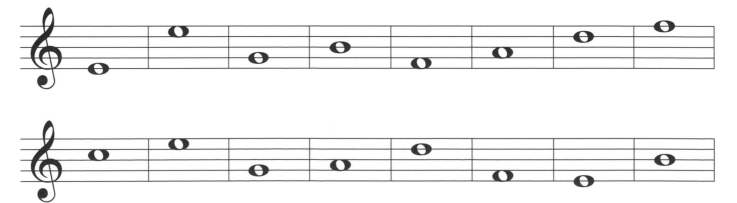

Nota para el profesor: repita estas actividades durante este nivel. Su repaso regular desarrollará la confianza en la lectura.

Guía de lectura de la clave de FA

Ejercicio #1

• Tu profesor señalará una "nota guía"—el SOL de la línea de abajo, el RE de la línea de la mitad o el LA de la línea de arriba. ¿Qué tan rápido puedes tocarla y decir su nombre?

• Ahora encuentra y toca las notas de LÍNEA SI y FA.

Ejercicio #2

• ¿Estás listo para un reto? Sombrea todas las notas que se escriben en las líneas.

• Tu profesor señalará cualquier nota de LÍNEA de la clave de FA. Tócala y di su nombre.

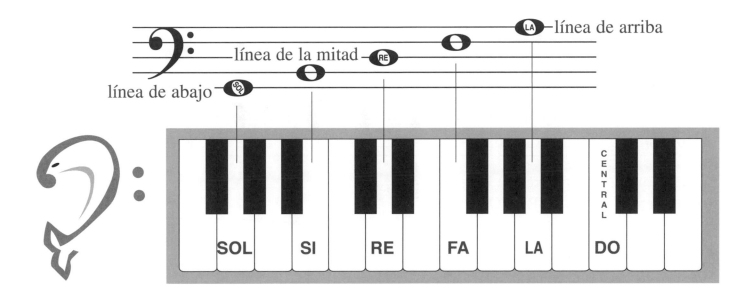

Ejercicio #3

• Nombra y toca las siguientes notas. Si es difícil, busca la nota guía más cercana para luego subir o bajar desde esa nota. Repite este ejercicio durante muchas lecciones.

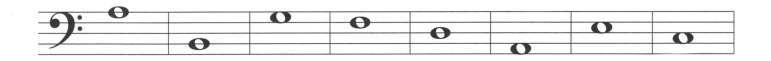

Pieza de repaso

Presta atención: esta pieza comienza en el segundo tiempo de un compás incompleto.

Estas 3 notas se llaman **anacrusa** o **antecompás** y nos impulsan hacia el primer compás completo.

- Fíjate en el último compás y encierra en un círculo el tiempo que faltaba en la anacrusa.

Marcha de los santos
Escala de SOL de 5 dedos

Canción tradicional de Estados Unidos

> **Repaso:** Una **ligadura** es una línea curva que nos indica que hay que tocar *legato* (ligado, conectado).

Acompañamiento para el profesor (el alumno toca *1 octava más alto*):

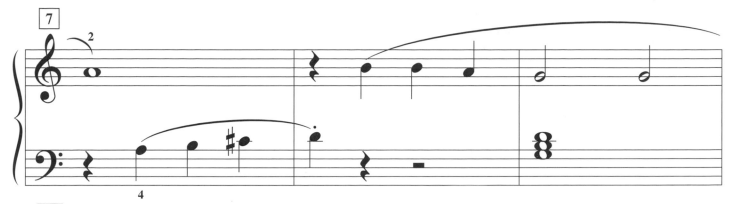

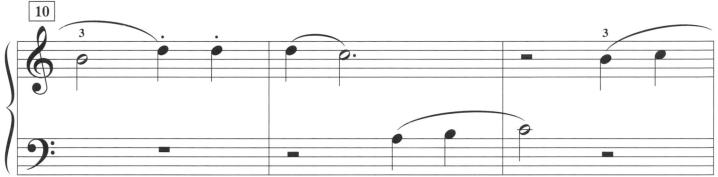

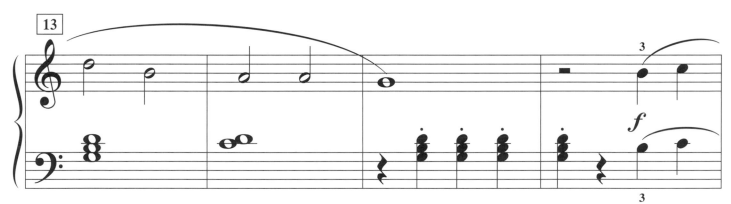

DESCUBRIMIENTO

Encuentra un acorde de **I** y otro de **V⁷** en esta canción.

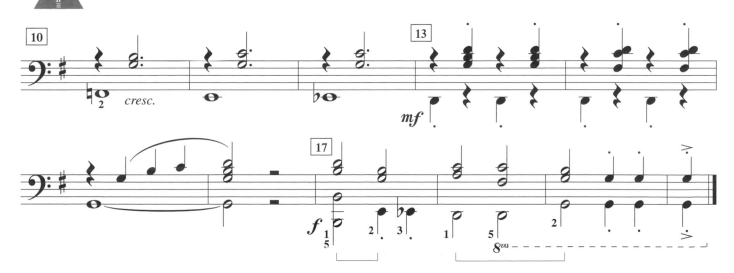

Corcheas

2 corcheas equivalen a una negra

barra

plica →

co - rre = va

ti - ti ta

Piensa en las corcheas como notas que *corren*.

• Marca y cuenta estos ritmos con tu profesor.

• Luego escribe el conteo de los tiempos de cada ritmo: **"1 2 3 4"**. Tu profesor te mostrará cómo.

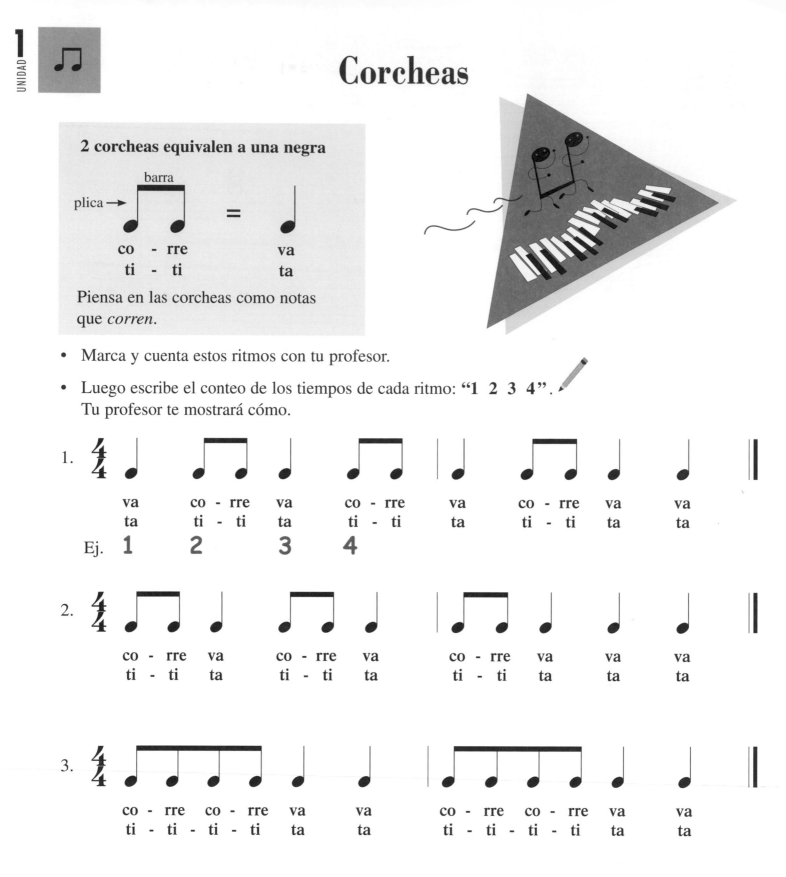

1.

va   co - rre   va   co - rre   va   co - rre   va   va
ta   ti - ti   ta   ti - ti   ta   ti - ti   ta   ta

Ej. **1**   **2**   **3**   **4**

2.

co - rre   va   co - rre   va   co - rre   va   va   va
ti - ti   ta   ti - ti   ta   ti - ti   ta   ta   ta

3.

co - rre co - rre   va   va   co - rre co - rre   va   va
ti - ti - ti - ti   ta   ta   ti - ti - ti - ti   ta   ta

Ritmos con corcheas

1. Encierra en un círculo el siguiente patrón en el **RITMO 1** del ejercicio anterior. Tócalo en el acorde de SOL.

2. Encierra en un círculo el siguiente patrón en el **RITMO 2** del ejercicio anterior. Tócalo en el acorde de DO.

3. Encierra en un círculo el siguiente patrón en el **RITMO 3** del ejercicio anterior. Tócalo en el acorde de SOL.

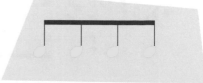

Gente famosa
Escala de _____ de 5 dedos

Con un pulso firme

¿1 en? ___

f Can - ta nom - bres de fa - mo - sos:

¿1 en? ___

3 Pa - blo Pi - cas - so, Jor - ge Luis Bor - ges,

5 I - sa - bel A - llen - de, Lud - wig van Bee - tho - ven,

7 Ho - la Brahms, ho - la Bach, ho - la Vi - val - di, ¡y Mo - zart tam - bién!

DESCUBRIMIENTO Toca *Gente famosa* con el metrónomo en ♩ = **112**.

Acompañamiento para el profesor (el alumno toca *1 octava más alto*):

M.D.

M.I. *mf*

3 **5**

7

Técnica e interpretación, páginas 4 (Trabajo en equipo), 6-7

El SI debajo del DO Central para la M.D.

← La línea del DO Central

DO SI = DO SI

Variación sobre
Fray Jacobo

Escala de _____ de 5 dedos

Esta canción popular ha sido adornada con corcheas en los *compases 2 y 4*. Esto se conoce como una variación.

Canción tradicional de Francia

Moderado

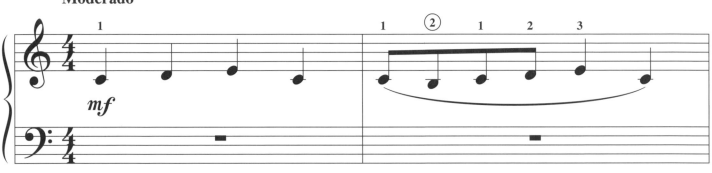

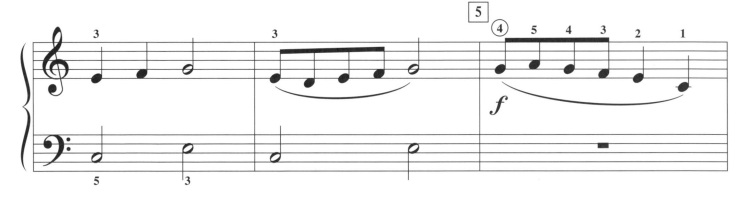

DESCUBRIMIENTO Crea tu propia variación sobre *Fray Jacobo* añadiendo notas en los últimos dos compases.

Acompañamiento para el profesor:

Técnica e interpretación, páginas 5 (El pulgar bailarín), 8

Rompecabezas de ritmo

1. Dibuja en los cuadros de colores **una sola nota** que tenga una duración equivalente a la de las **corcheas**.

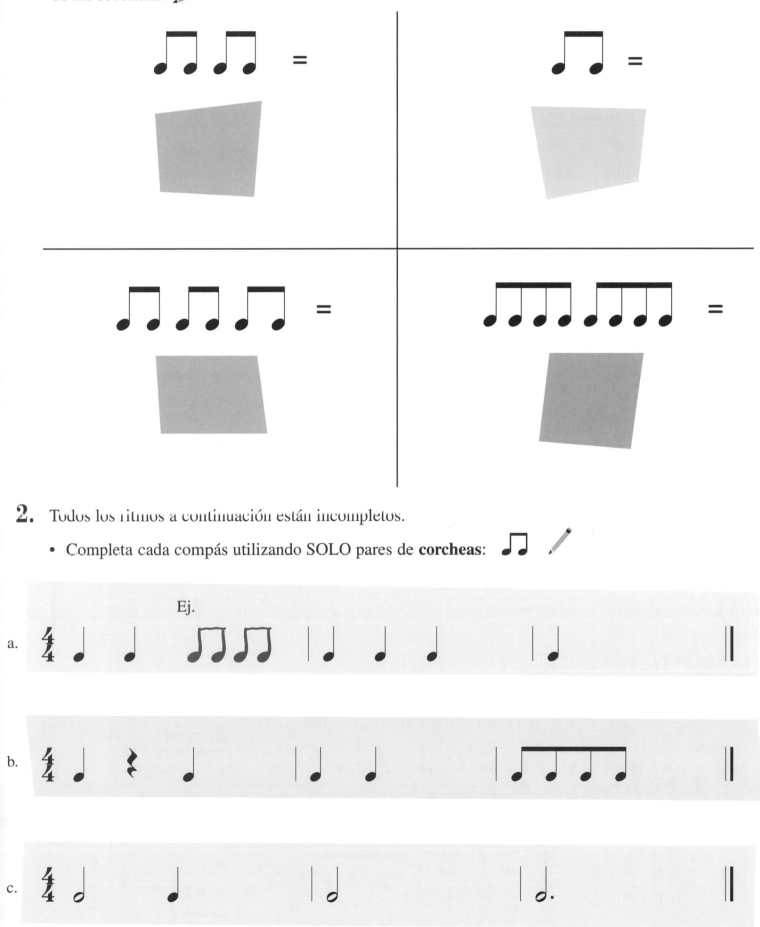

2. Todos los ritmos a continuación están incompletos.

- Completa cada compás utilizando SOLO pares de **corcheas**:

a.

b.

c.

Un **becuadro** cancela un sostenido o un bemol.

Los becuadros son siempre teclas blancas.

• Encierra en un círculo el becuadro que hay en esta canción.

Palomitas de maíz

Alegre

cambia el ① a SI

mp

Hoy quie-ro pa-lo- | mi-tas de ma-íz, | su sa-bor me ha-ce
Las pa-lo-mi-tas | me quie-ro co-mer, | no me im-por-ta si

(prepara la M.I.)

¿1 en? ____
¿2 en? ____

4 *cambia de nuevo a DO* ①

muy fe-liz. Pe- | ro es-ta i-lu-sión se | es-fu-mó: }
son de a-yer. Pe- | ro es-ta i-lu-sión se | es-fu-mó: }

7

f

¡mi pa-ti-to se las de - vo - ró!

CREACIÓN

Alarga esta pieza repitiendo la última línea de la M.D. en diferentes octavas.

Acompañamiento para el profesor (el alumno toca *1 octava más alto*):

M.D.

M.I. p

4

7

mf

El becuadro

Un becuadro cancela un sostenido o un bemol.
Los becuadros son **siempre teclas blancas**.

El tazón de palomitas de maíz

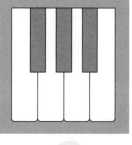

1.
- Encierra en un círculo cada **becuadro** ♮ que encuentres en esta canción.
- Ahora toca la melodía a primera vista.

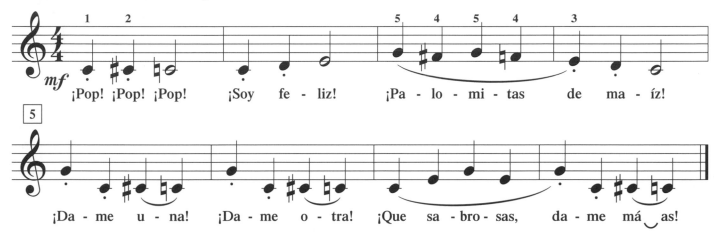

¡Pop! ¡Pop! ¡Pop!   ¡Soy fe - liz!   ¡Pa - lo - mi - tas   de   ma - íz!

¡Da - me   u - na!   ¡Da - me   o - tra!   ¡Que   sa - bro - sas,   da - me   má - as!

2. Dibuja un ✓ en la tecla que corresponde a cada palomita de maíz.

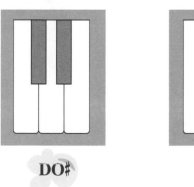

DO#   **DO♮**   **SI♭**   **SI♮**

3. Un becuadro se puede escribir en una **línea** o en un **espacio**.

- Dibuja los siguientes becuadros siguiendo las líneas de puntos.
Pista: dibuja una "L" y luego un "7".

4.
- Dibuja cada becuadro siguiendo las líneas de puntos. Luego dibuja otro becuadro al lado, esta vez sin ayuda.

- Dibuja cada becuadro siguiendo las líneas de puntos. Luego dibuja otro becuadro al lado sin ayuda.

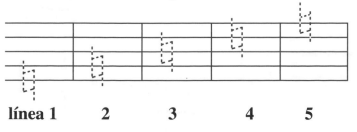

línea 1   2   3   4   5

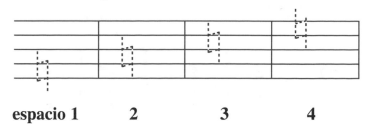

espacio 1   2   3   4

15

El minué (o minueto)

es una danza escrita siempre en $\frac{3}{4}$.

Este minué repite el siguiente patrón rítmico:

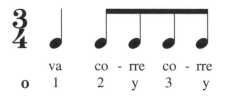

va   co - rre   co - rre

o   1   2   y   3   y

Para prepararte

- Dibuja un ✓ sobre cada compás que tenga el patrón rítmico anterior.
- Marca el ritmo de esta pieza junto con tu profesor.

Minué para los hijos del señor Bach

del Pequeño libro de
Anna Magdalena Bach
adaptación

Las corcheas se dividen entre las dos manos.

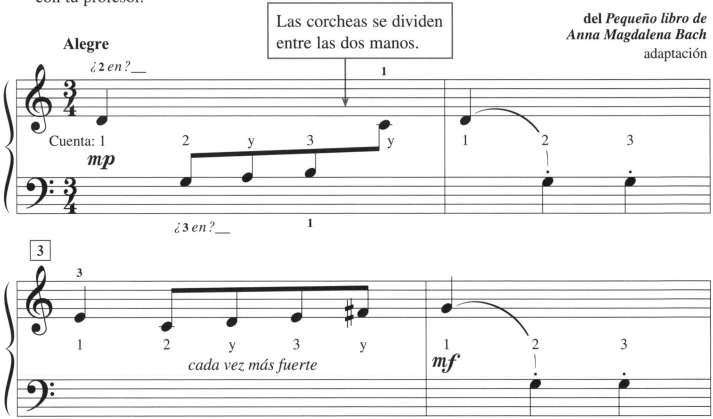

Acompañamiento para el profesor (el alumno toca *1 octava más alto*):

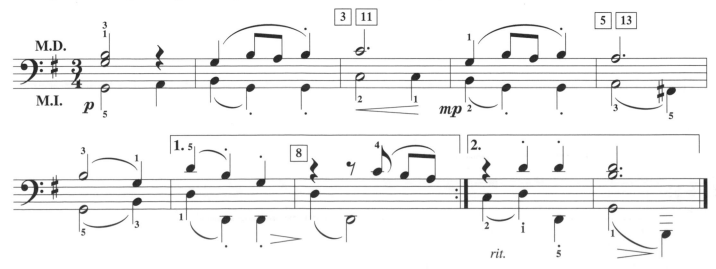

El *Pequeño libro de Anna Magdalena Bach*

El señor Johann Sebastian Bach (1685-1750, Alemania) tenía una familia grande: ¡veinte hijos! La familia Bach tenía un cuaderno especial lleno de música escrita por ellos y sus amigos.

Bach le regaló este cuaderno a su esposa Anna Magdalena. Las iniciales de Anna Magdalena y el año 1725 se imprimieron en oro sobre el papel de color verde claro. Este minueto es una de las piezas más famosas del libro.

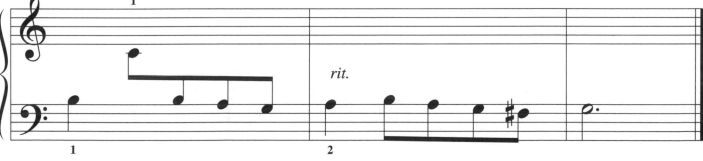

Aunque tienen más de 250 años, las composiciones de Bach han influenciado todo tipo de música, desde la coral hasta los sonidos "pop" de hoy. Aquí, el minué de Bach es transformado en una canción "pop".

- Dibuja barras de compás después de cada **4 tiempos**.
  Fíjate que el signo de compás cambió de **3/4** a **4/4**.

- Escribe el conteo de los tiempos debajo de los
  compases 1-7: "1 - 2 - 3 - 4".

- Toca la pieza con el acompañamiento de tu profesor.
  ¿Cuál de las dos versiones de la melodía de Bach prefieres?

Una canción "pop" para el señor Bach

del *Pequeño libro de Anna Magdalena Bach*
adaptación de Nancy Faber

Acompañamiento para el profesor (el alumno toca *1 octava más alto*):

Sabías que...

Bach quedó huérfano a los 9 años.

Bach caminó más de 320 kilómetros para escuchar un concierto de órgano.

Bach compuso más de 1000 obras durante su vida.

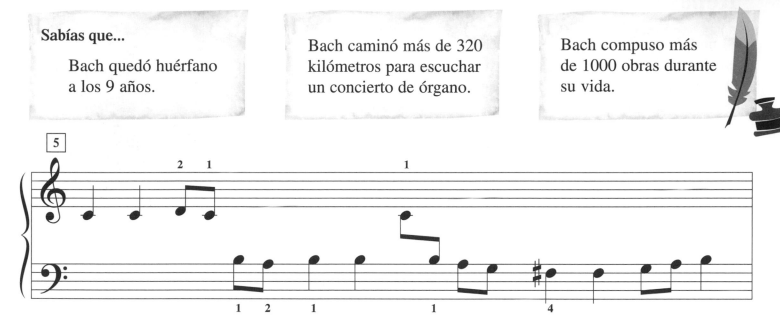

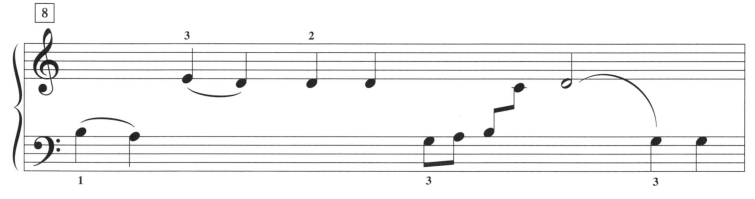

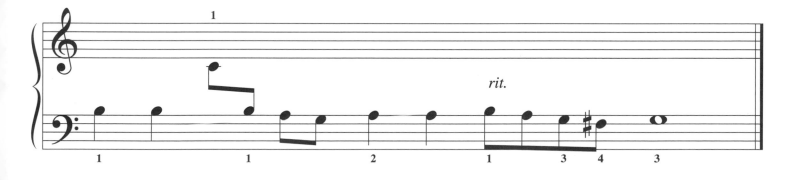

 ENTRENAMIENTO AUDITIVO

Tu profesor tocará la melodía de Bach en $\frac{3}{4}$ o $\frac{4}{4}$. Escucha con atención y nombra el **signo de compás**. Hazlo varias veces.

ESCUCHA...

Repaso: el pedal de resonancia

El **pedal de resonancia** es el derecho.
Este pedal levanta los *apagadores* de las cuerdas,
lo que permite que los sonidos sigan resonando.

Este signo indica cuándo usar el pedal de resonancia:

Pedal　　　　mantenlo presionado　　　　Pedal
ABAJO　　　　　　　　　　　　　　　　ARRIBA

La famosa canción de cuna del señor Brahms

Johannes Brahms
(1833–1897, Alemania)
adaptación

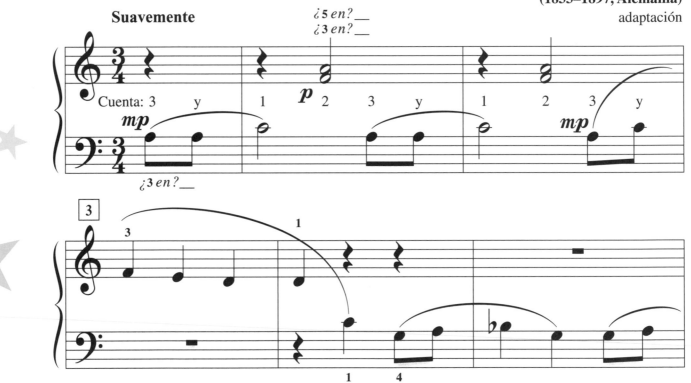

Acompañamiento para el profesor (el alumno toca *1 octava más alto*):

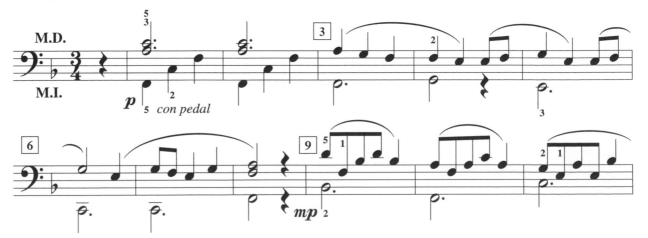

Técnica e interpretación, páginas 10-11

Para terminar, toca cualquier FA AGUDO.

FA

Pedal abajo   *Pedal arriba*

DESCUBRIMIENTO

¿En qué tiempo del compás comienza esta pieza? _____

Sabías que...
Cuando era todavía un niño, Brahms aportaba dinero al presupuesto familiar tocando el piano en salones de baile.

A Brahms le encantaba leer y de adulto reunió más de 800 libros.

Brahms se volvió tan famoso que ahora es conocido como una de las 3 Bes: ¡Bach, Beethoven y Brahms!

Un juego con los signos de compás

1. Escribe el signo de compás correspondiente a cada ritmo: $\frac{3}{4}$ o $\frac{4}{4}$.

2. Escribe el conteo de los tiempos de cada ritmo: "1 2 3" o "1 2 3 4".

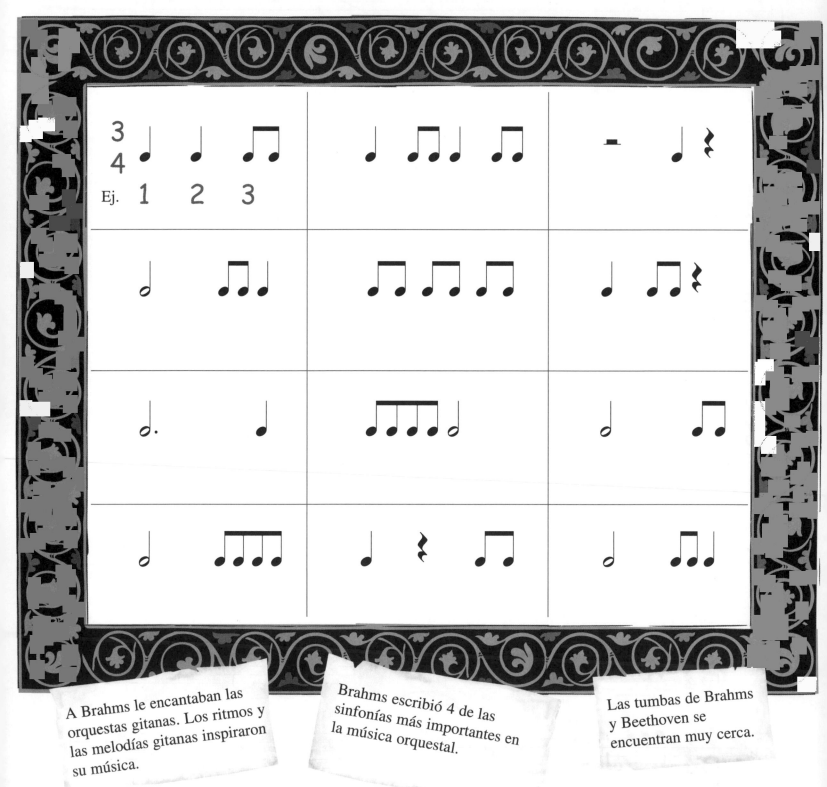

A Brahms le encantaban las orquestas gitanas. Los ritmos y las melodías gitanas inspiraron su música.

Brahms escribió 4 de las sinfonías más importantes en la música orquestal.

Las tumbas de Brahms y Beethoven se encuentran muy cerca.

- Escribe el **signo de compás** de cada melodía.
- Marca el ritmo junto con tu profesor.
- Siente el pulso estable y toca a primera vista.

Melodías gitanas

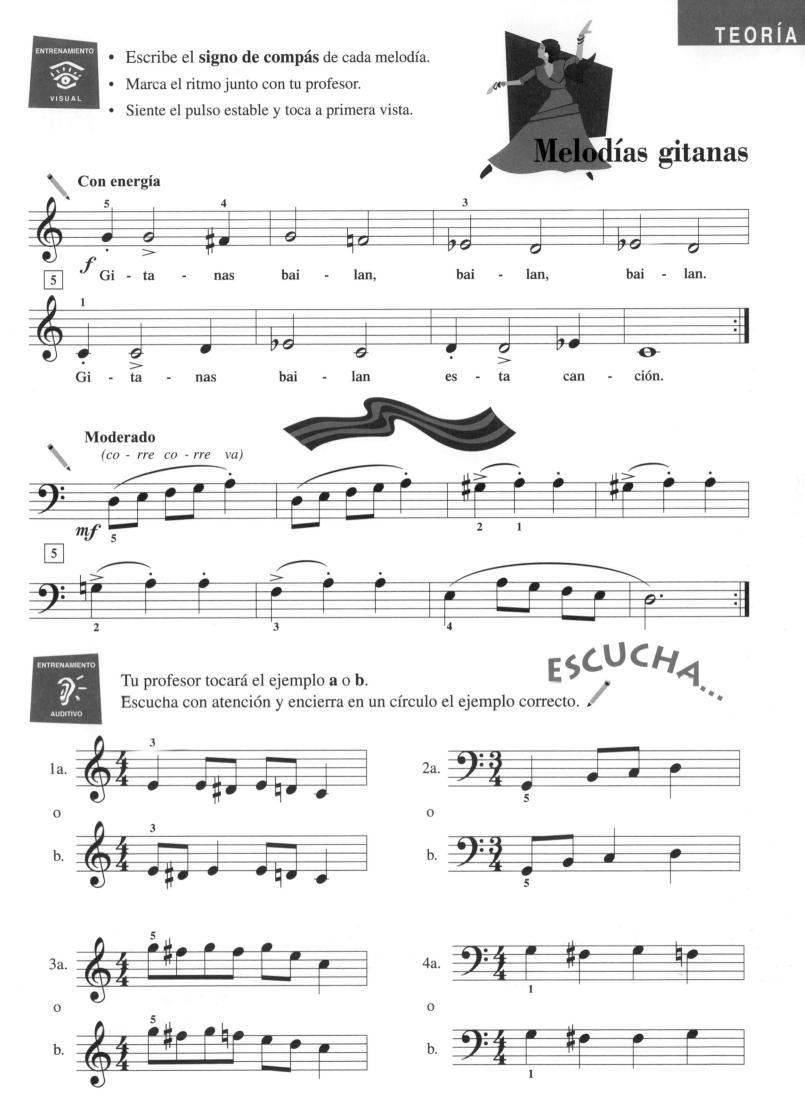

Con energía

f Gi - ta - nas bai - lan, bai - lan, bai - lan.

Gi - ta - nas bai - lan es - ta can - ción.

Moderado

(co - rre co - rre va)

mf

Tu profesor tocará el ejemplo **a** o **b**.

Escucha con atención y encierra en un círculo el ejemplo correcto.

ESCUCHA...

1a.

o

b.

2a.

o

b.

3a.

o

b.

4a.

o

b.

(Tu profesor te puede pedir que toques cada ejemplo a primera vista).

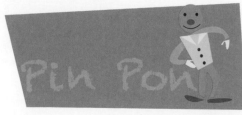

Pin Pon

Escala de DO de 5 dedos

Canción tradicional

- Tu profesor te mostrará cómo hacer el cruce de la M.I. en los compases 6-7.

Pin Pon

Esta es la misma canción en la **escala de SOL de 5 dedos**.

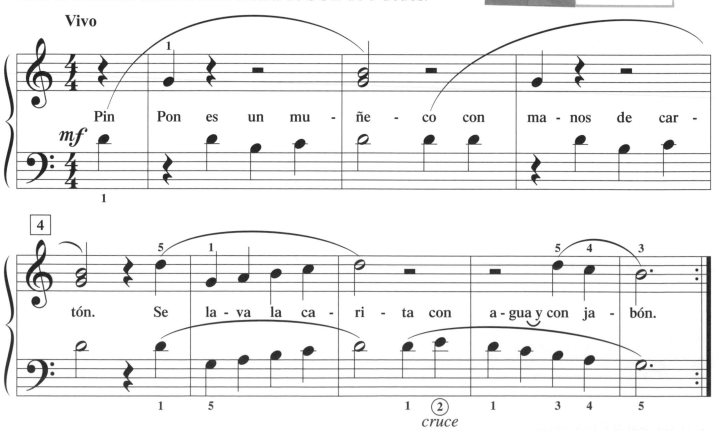

 🖐 Técnica e interpretación, páginas 5 (Los dedos veloces), 12

Transposición

Transponer significa tocar la misma pieza usando una escala diferente.
Cambian las notas, pero no los **intervalos**.

Marca cada cuadrado cuando estés listo.

- Puedo tocar esta pieza en la **escala de SOL de 5 dedos**. SOL ☐
- Puedo tocar esta pieza en la **escala de DO de 5 dedos**. DO ☐

Tema del señor Haydn*
Escala de SOL de 5 dedos

Franz Joseph Haydn
(1732–1809, Austria)
adaptación

Pista: si lees los **intervalos** y escuchas
el sonido podrás transponer mejor.

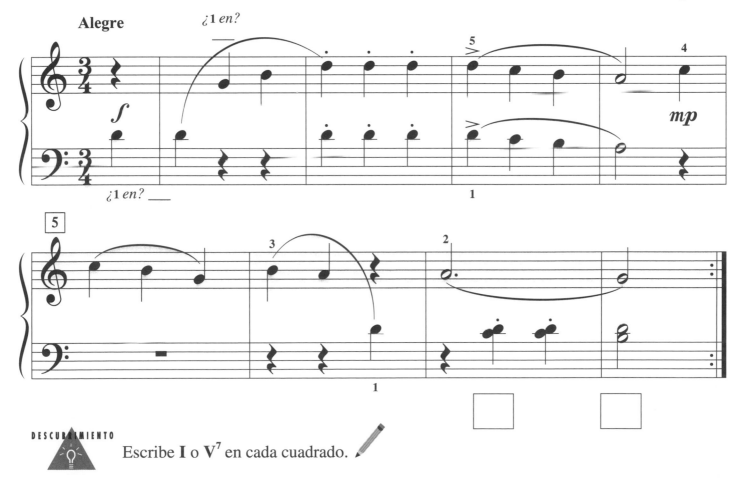

DESCUBRIMIENTO

Escribe **I** o **V⁷** en cada cuadrado.

* de la *Sinfonía No. 100, Finale*

- Completa la información de cada tema de Haydn.

Los temas para transponer del señor Haydn

1. a. Escribe los nombres de los **intervalos** en los cuadrados.
   b. Toca la melodía como está escrita.
   c. Transponla a la **escala de SOL de 5 dedos.**

de la Sinfonía No. 100

Ej. 2.ª   3.ª

2. a. Escribe los nombres de los **intervalos** en los cuadrados.
   b. Toca la melodía como está escrita.
   c. Transponla a la **escala de DO de 5 dedos.**

de la Sinfonía No. 104

3. a. Escribe los nombres de los **intervalos** en los cuadrados.
   b. Toca la melodía como está escrita.
   c. Transponla a la **escala de SOL de 5 dedos.**

de la Sinfonía No. 30

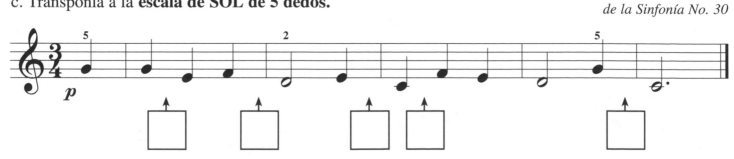

Escucha a Bach, Beethoven y Brahms

- Cierra los ojos y escucha.
  Tu profesor tocará una melodía corta de Bach, Beethoven o Brahms.

- Luego, tu profesor tocará una **melodía transpuesta**. Esta melodía puede ser **igual** (transpuesta correctamente) o **diferente** (transpuesta incorrectamente).

- Encierra en un círculo "igual" o "diferente" después de escuchar cada melodía transpuesta.

1. Melodía de Bach

   ¡Escucha!

   IGUAL

   o

   DIFERENTE

4. Melodía de Bach

   ¡Escucha!

   IGUAL

   o

   DIFERENTE

2. Melodía de Beethoven

   ¡Escucha!

   IGUAL

   o

   DIFERENTE

5. Melodía de Beethoven

   ¡Escucha!

   IGUAL

   o

   DIFERENTE

3. Melodía de Brahms

   ¡Escucha!

   IGUAL

   o

   DIFERENTE

6. Melodía de Brahms

   ¡Escucha!

   IGUAL

   o

   DIFERENTE

Para uso exclusivo del profesor

27

Ejercicio de calentamiento

1. Sobre la tapa cerrada del piano, toca el siguiente patrón de digitación con la M.D.:

3 - 5 - 4 | 3 - 5 - 4 | 3 - 5 - 4 | 3

2. Opcional: intenta hacer círculos suaves con la muñeca mientras tocas las teclas. (Gira la muñeca hacia abajo y a la derecha mientras vas del dedo 3 al dedo 5, para luego elevarla y devolverla completando el círculo. Tu profesor te mostrará cómo.)

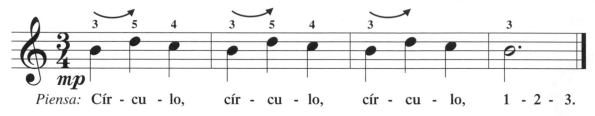

Piensa: Cír - cu - lo,   cír - cu - lo,   cír - cu - lo,   1 - 2 - 3.

Ensueño

Escala de SOL de 5 dedos

Flotando

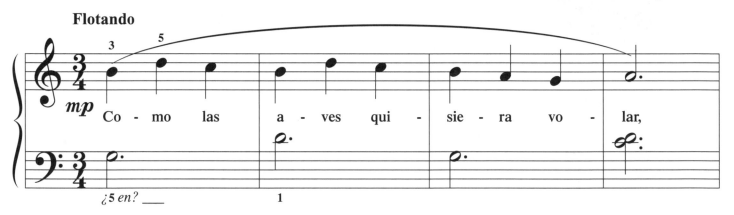

Co - mo   las   a - ves   qui - sie - ra   vo - lar,

¿5 en? ___   1

Acompañamiento para el profesor (el alumno toca *1 octava más alto*):

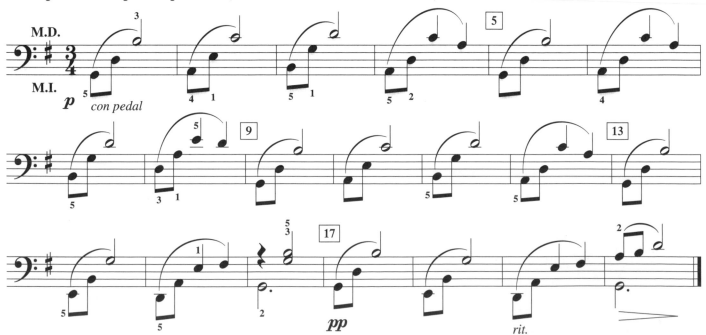

🐾 Técnica e interpretación, página 5 (Pinta un arcoíris)

5 siem - pre via - jar   y   dis - fru - tar.

9 En - tre las   nu - bes qui - sie - ra es - tar.

13   *eleva las muñecas*
¡Có - mo me   gus - ta so - ña _____ ar!

Repaso: **8va** significa tocar
una octava (8 notas) más alto.

AMBAS MANOS tocan una 8ᵛᵃ más alto ─ ─ ─ ─ ─ ─ ─ ─ ─ ─ ─

17   *p*   *rit.*

 DESCUBRIMIENTO Transpón *Ensueño* a la **escala de DO de 5 dedos**.
¿Cuál es la primera nota de la M.I.? _____
¿Cuál es la primera nota de la M.D.? _____

Nuevos matices (o dinámicas)

Repaso: los matices indican qué tan fuerte o suave debe sonar la música.

Los matices que ya conoces son: f, mf, mp y p.

crescendo (*cresc.*) ———————— significa que hay que tocar cada vez más **fuerte**.

diminuendo (*dim.*) ———————— significa que hay que tocar cada vez más **suave**.

Presiona el pedal de resonancia durante toda la pieza.

¡El reloj marca las 13!

Escala de _____ de 5 dedos

Eleva la muñeca hasta cualquier SOL ALTO.

9 Toca las trece campanadas en cualquier SOL ALTO.

¡Comienza lo más suave posible y haz un *crescendo* y un *diminuendo* espectaculares!

Arroz con leche

Escala de _____ de 5 dedos

Alegre

Canción tradicional

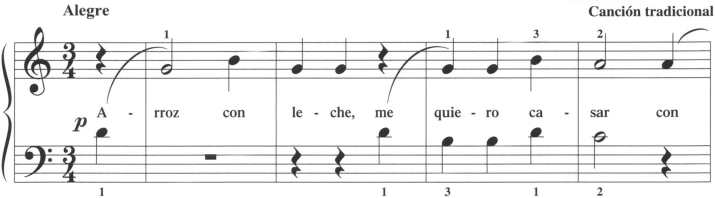

p A - rroz con le - che, me quie - ro ca - sar con

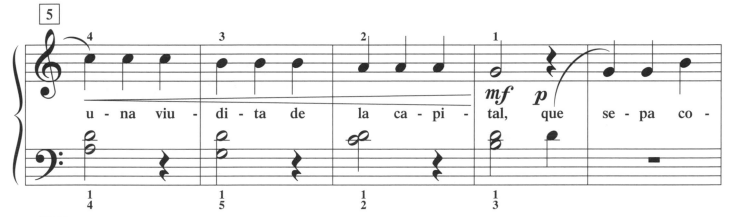

u - na viu - di - ta de la ca - pi - tal, que se - pa co -

ser, que se - pa bor - dar, que pon - ga la me - sa en su

san - to lu - gar.

DESCUBRIMIENTO

¿Puedes transponerla a la **escala de DO de 5 dedos**?

Crescendo y diminuendo

• Señala los términos mientras practicas su pronunciación.

crescendo (cresc.)   diminuendo (dim.)

cada vez más fuerte   cada vez más suave

• Dibuja ⟨ o ⟩ debajo de cada imagen para mostrar cómo sonaría.

se acercan las cornetas

Dibuja:

se aleja el carruaje

Dibuja:

un tren desaparece en la noche

Dibuja:

empeora la congestión de tráfico

Dibuja:

un helicóptero aterriza frente a tu casa

Dibuja:

una cometa se aleja con el viento

Dibuja:

• Lee a primera vista las siguientes melodías. Fíjate en los signos ◁ y ▷.

• Luego transpón cada melodía a la escala sugerida.

El tren de juguete del duende

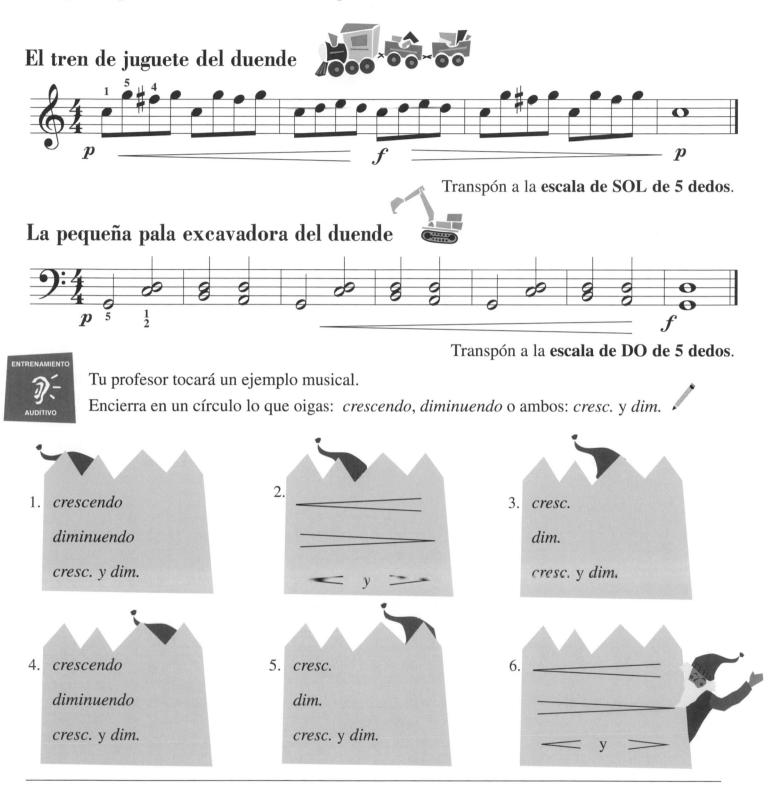

Transpón a la **escala de SOL de 5 dedos**.

La pequeña pala excavadora del duende

Transpón a la **escala de DO de 5 dedos**.

ENTRENAMIENTO AUDITIVO

Tu profesor tocará un ejemplo musical.

Encierra en un círculo lo que oigas: *crescendo*, *diminuendo* o ambos: *cresc. y dim.*

1. *crescendo*

   diminuendo

   cresc. y dim.

2. ◁ y ▷

3. *cresc.*

   dim.

   cresc. y dim.

4. *crescendo*

   diminuendo

   cresc. y dim.

5. *cresc.*

   dim.

   cresc. y dim.

6. ◁ y ▷

Para uso exclusivo del profesor: los ejemplos se pueden tocar en cualquier orden.

1. *p* ◁ *mf*

2. *mf* ▷

3. *pp* ◁ *mf* ▷ *pp*

4. *mf* ▷

5. *p* ◁ *f*

6. *p* ◁ *mf* ▷ *p*

La frase

Una *frase* es una idea o pensamiento musical.

A menudo las frases se muestran en la música con una ligadura, también llamada **ligadura de fraseo**. Piensa en las frases musicales como si fueran frases habladas, donde cada nota es una palabra.

El contorno de las frases

Cuando hablamos, nuestra voz sube y baja con expresión.

- Usa los signos de y para darles forma a las frases.
  Los colores rojo y azul te guiarán.

Himno a la alegría
de la Novena Sinfonía

**Ludwig van Beethoven
(1770–1827, Alemania)**
adaptación

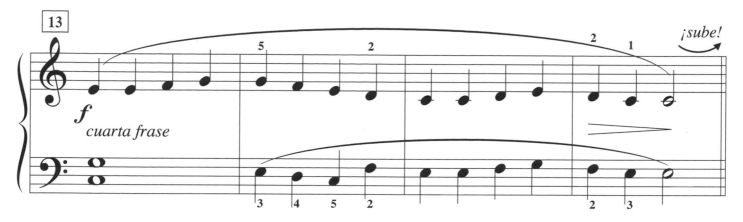

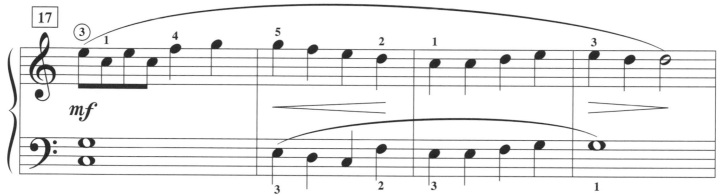

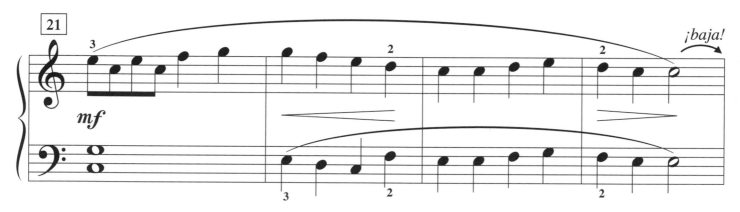

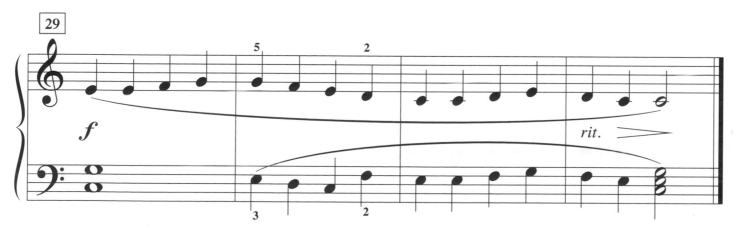

 DESCUBRIMIENTO ¿Puedes tocar los *compases 1-16* manteniendo la mirada en la música (sin mirar las manos)?

Recuerda, una *frase* es una idea musical.

- Dibuja ligaduras de fraseo en la siguiente canción. Las líneas de puntos te ayudarán. ✏️

Yo soy el rey

Escala de _____ de 5 dedos

CREACIÓN Invéntate una nueva melodía para la M.I. en los *compases 1-2*. Mantén el mismo ritmo, pero escoge las notas que quieras de la **escala de SOL de 5 dedos**. Tu profesor te mostrará cómo.

Dos datos interesantes acerca de las frases

Dato 1

La mayor parte de la música para piano NO tiene letras que nos ayuden a sentir las frases musicales.

Dato 2

Hay piezas que tienen frases musicales, pero NO incluyen ligaduras de fraseo.

¡Soy el buscador de frases!

- Dibuja un silencio de redonda en cada compás vacío (hay 9). ✎

- Dibuja **ligaduras de fraseo** en la partitura para mostrar cada frase musical.

- Lee la canción a primera vista y escucha las **frases**.

Para terminar, repite los **compases 1-8**.

Luz de luna

Flotando suavemente

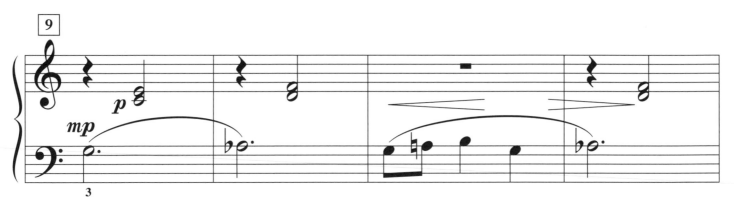

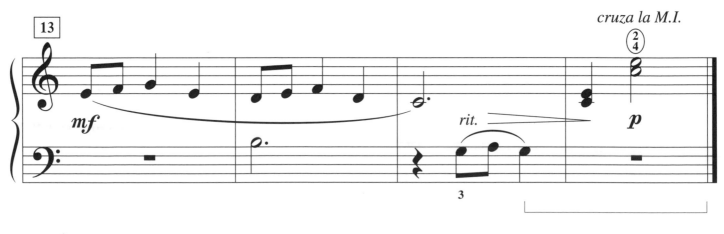

¿En cuáles líneas de la partitura la M.I. tiene la melodía? _____ y _____

¡Puedes componer!

Escala de DO de 5 dedos

M.I.

5   4   3   2   1

Escala de DO de 5 dedos

1   2   3   4   5

M.D.

- Completa esta pieza usando notas de la **escala de DO de 5 dedos**.
  Utiliza el ritmo indicado encima de cada compás.

- Luego dibuja ligaduras de fraseo y escribe los matices (*p* , *mp* , *mf* , *f*).
  ¡Toca tu composición!

Cuando ves un cocodrilo

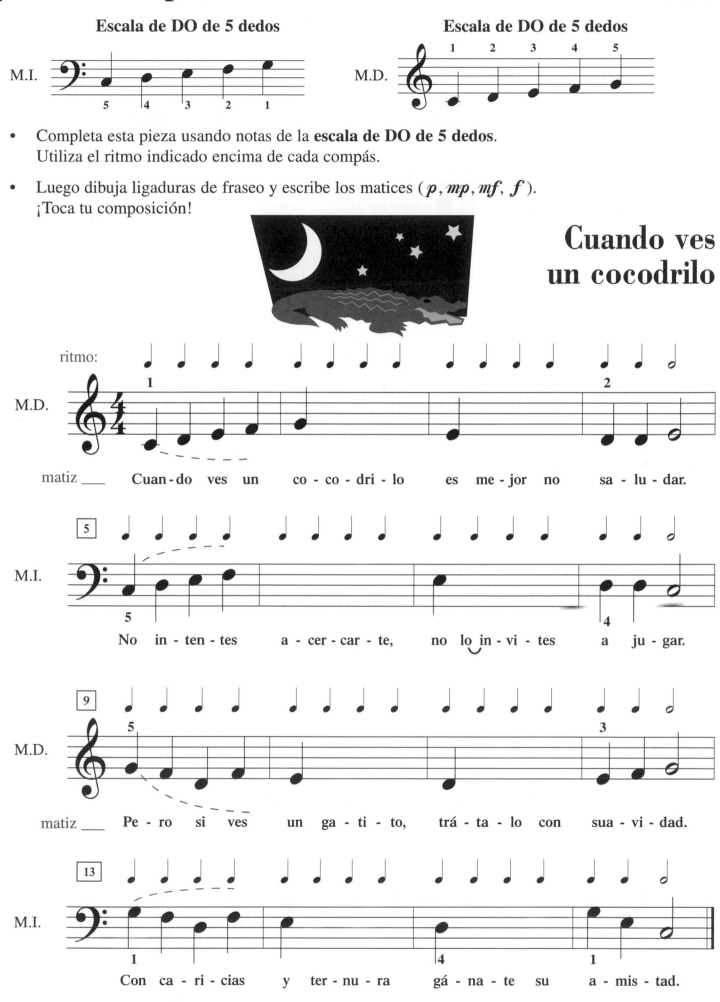

ritmo:

1

M.D.

2

matiz ___   Cuan - do ves un   co - co - dri - lo   es me - jor no   sa - lu - dar.

5

M.I.

4

No in - ten - tes   a - cer - car - te,   no lo in - vi - tes   a   ju - gar.

9

M.D.

3

matiz ___   Pe - ro   si ves   un ga - ti - to,   trá - ta - lo con   sua - vi - dad.

13

M.I.

1   **4**   **1**

Con ca - ri - cias   y ter - nu - ra   gá - na - te su   a - mis - tad.

39

Recuerda, un **semitono** es la distancia que hay entre una tecla y la tecla *más cercana*.

- Encuentra y toca estos semitonos en el piano. Di "semitono" en voz alta mientras tocas.

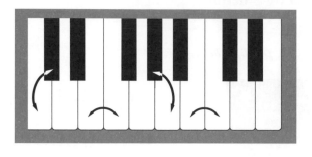

La marioneta

DESCUBRIMIENTO

Después de aprender bien la canción, ¡intenta tocarla con los **ojos cerrados**!

40

Marionetas juguetonas

- Completa las actividades que te piden las marionetas.

¿Qué nota está un semitono hacia ARRIBA de MI?

_____ respuesta

Dibuja una ○ un semitono hacia ABAJO. ¿Necesitas un ♯ o un ♭?

(dibújala)

Encierra en círculos todos los semitonos (hay 3).

¿Qué nota está un semitono hacia ABAJO de LA? ¿Necesitas un ♯ o un ♭?

_____ respuesta

Dibuja una ○ un semitono hacia ABAJO. ¿Necesitas un ♯ o un ♭?

Encierra en un círculo el semitono.

o

En cada cuadro, escribe el nombre de una nota que SUBE un semitono.

ascendiendo

¿Terminaste en SOL?

| DO | DO♯ | | | | | | |

41

Tonos y semitonos

Un **tono** contiene 2 semitonos.
Piensa en un **tono** como la distancia entre 2 teclas, con
una tecla de por medio. Tu profesor te mostrará cómo.

Investiga los tonos

- Pon una X en la tecla que se encuentra *entre* las
  teclas de cada tono.

- Toca cada **tono** en el piano.

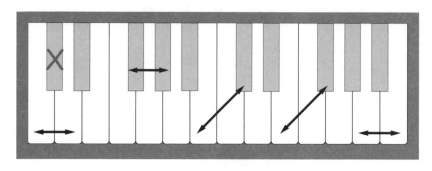

Detectives privados

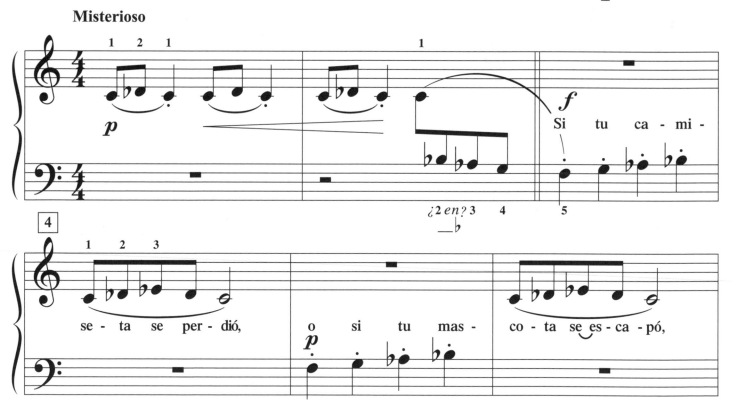

Misterioso

Si tu ca - mi -
se - ta se per - dió, o si tu mas - co - ta se es - ca - pó,

Acompañamiento para el profesor (el alumno toca *1 octava más alto*):

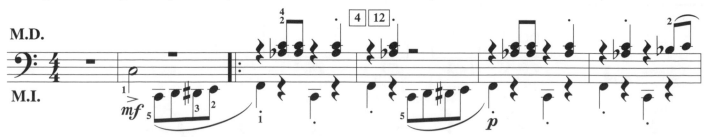

M.D.

M.I.

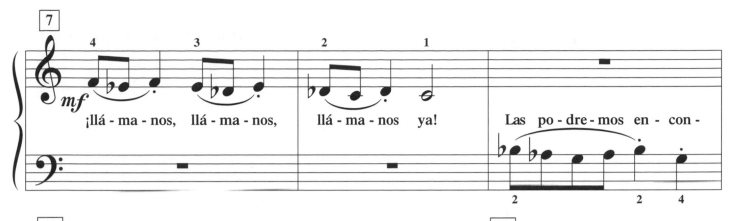

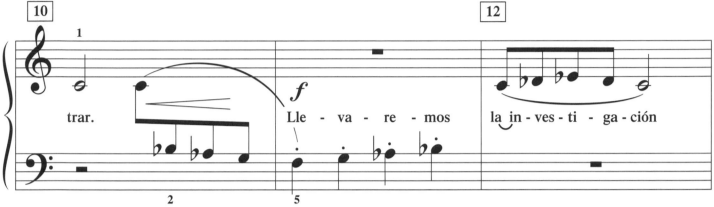

CREACIÓN Comienza en el DO Central y toca **tonos** subiendo por el teclado.
¡Presiona el pedal y escucha con atención!

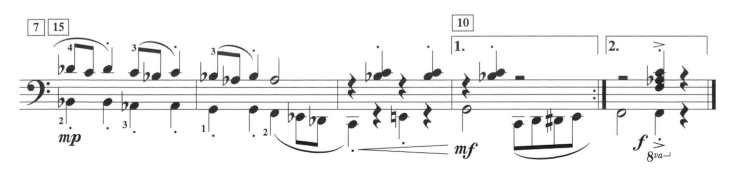

⌢ calderón

La nota se debe sostener más tiempo
de lo normal.

**Presiona el pedal de resonancia durante
toda la pieza.**

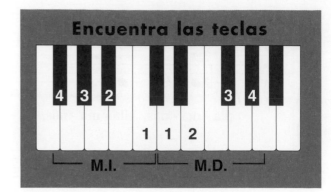

Tormentas en Saturno

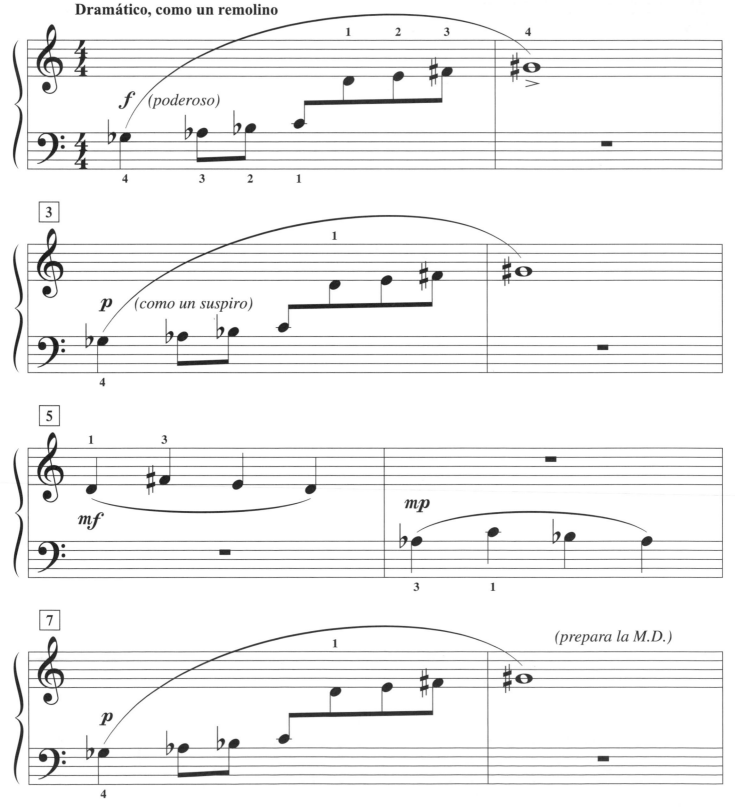

✎ Técnica e interpretación, páginas 23, 24-25

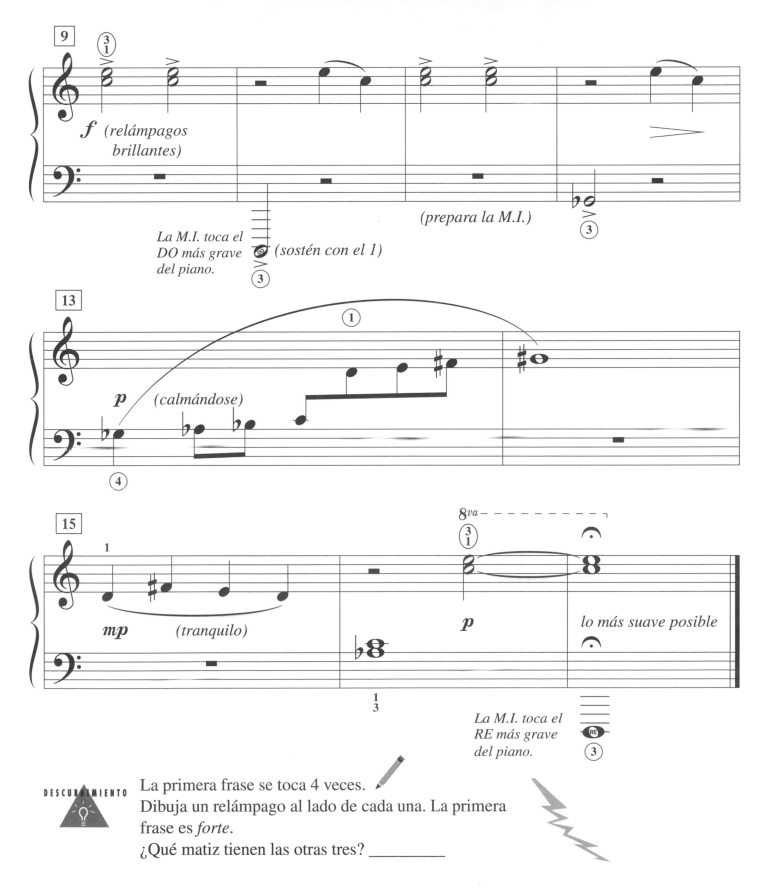

9

f *(relámpagos brillantes)*

La M.I. toca el DO más grave del piano. *(sostén con el 1)* ③

(prepara la M.I.)

③

13

①

p *(calmándose)*

④

15

1

mp *(tranquilo)*

p

8va
③ ①

lo más suave posible

①
③

La M.I. toca el RE más grave del piano. ③

DESCUBRIMIENTO

La primera frase se toca 4 veces.
Dibuja un relámpago al lado de cada una. La primera frase es *forte*.
¿Qué matiz tienen las otras tres? _____

Improvisar significa crear "en el momento".
Improvisa *Sombras lunares* haciendo lo siguiente:

- Escucha cómo tu profesor toca el acompañamiento.
  Siente el carácter misterioso de la música.

- Cuando estés listo, toca las notas de este patrón de tonos
  EN CUALQUIER ORDEN.

- Termina la pieza tocando suavemente todas las notas de la M.D. juntas.

Sombras lunares (improvisación)

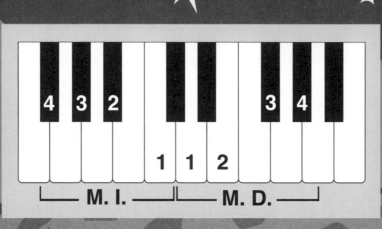

¿Sabías que Marte tiene dos lunas?

Acompañamiento para el profesor durante la improvisación (el alumno improvisa en el *registro alto*):

Moderado, misterioso

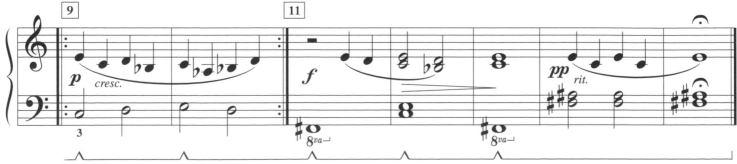

Planetas y lunas

- Conecta cada planeta con la luna correspondiente.

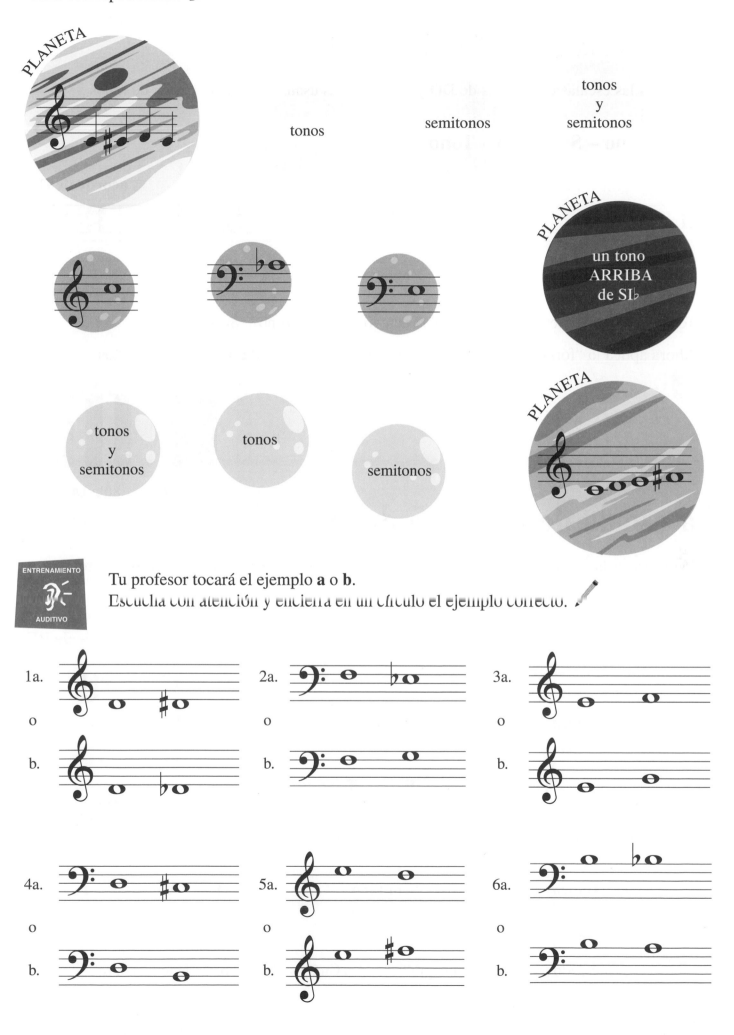

Tu profesor tocará el ejemplo **a** o **b**.

Escucha con atención y encierra en un círculo el ejemplo correcto.

5 UNIDAD

TONO · TONO · SEMITONO · TONO

La "fórmula secreta" de las escalas

Ya conoces las escalas de 5 dedos de DO y SOL. Ambas usan el siguiente patrón de tonos y semitonos:

Tono – Tono – Semitono – Tono

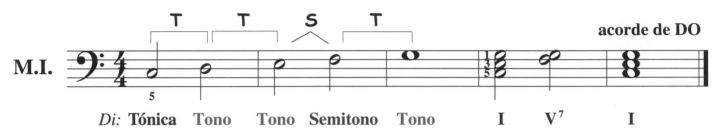

- Toca el ejemplo anterior y di las palabras en voz alta. T=Tono   S=Semitono

- Ahora aplica la "fórmula secreta" de las escalas usando la **escala de SOL de 5 dedos**.

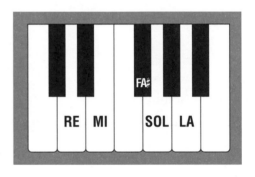

La escala de RE de 5 dedos

- Para formar la escala de RE de 5 dedos, toca y di el patrón: **tono - tono - semitono - tono**. Observa cómo el tercer dedo descansa cómodamente sobre la tecla negra.

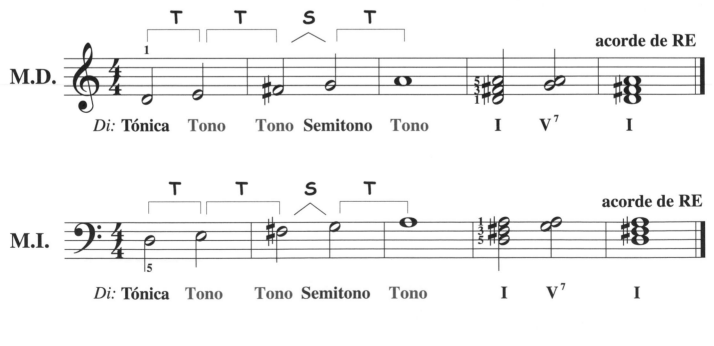

DESCUBRIMIENTO

¿Qué dedo toca una tecla negra? _____ ¿Cuál es el nombre de la tecla negra? _____ #

Caminata con amigos
Combinando los acordes de RE y DO

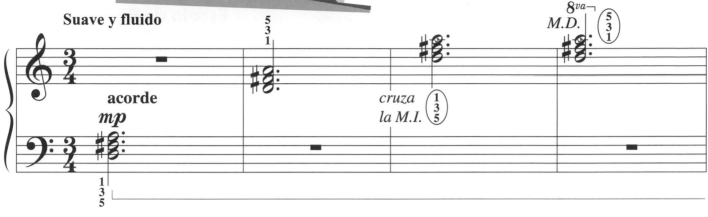

Suave y fluido

acorde

mp

cruza la M.I.

M.D.

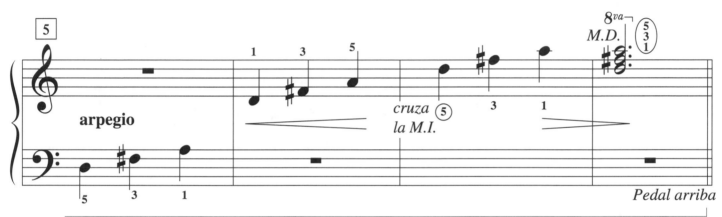

5

arpegio

cruza la M.I.

M.D.

Pedal arriba

¡Cambia al acorde de DO!

9

acorde

mp

cruza la M.I.

Para terminar, repite los compases 1-8.

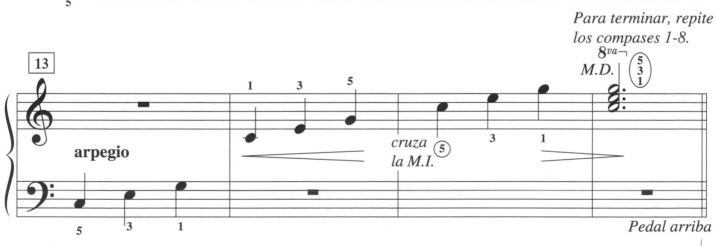

13

arpegio

cruza la M.I.

M.D.

Pedal arriba

DESCUBRIMIENTO

¿Puedes **memorizar** este estudio de acordes?

¡Que llueva!
Escala de RE de 5 dedos

- Tu profesor te ayudará con el cruce de la M.I.

Canción tradicional

¡Que llue - va, que llue - va! La vie - ja es - tá en la cue - va, los
pá - ja - ri - tos can - tan, la llu - via se le - van - ta, ¡Que
sí! ¡Que no! cai - ga un cha - pa - rrón!

DESCUBRIMIENTO

¿Puedes transponer *¡Que llueva!* a las escalas de **DO** y **SOL de 5 dedos**?

Acompañamiento para el profesor (el alumno toca *1 octava más alto*):

Técnica e interpretación, página 26

Escribe la escala de RE

Nombres
de las notas:

RE   MI FA♯ SOL LA

Notas:

T = **Tono**
se indica
con el símbolo ⌐_⌐

S = **Semitono**
se indica
con el símbolo ∨

"Fórmula secreta":   T   T   S   T

1.
- Encima de cada pentagrama, completa los nombres de las notas de la **escala de RE de 5 dedos**. ✐
- Luego, dibuja las redondas que faltan en el pentagrama.

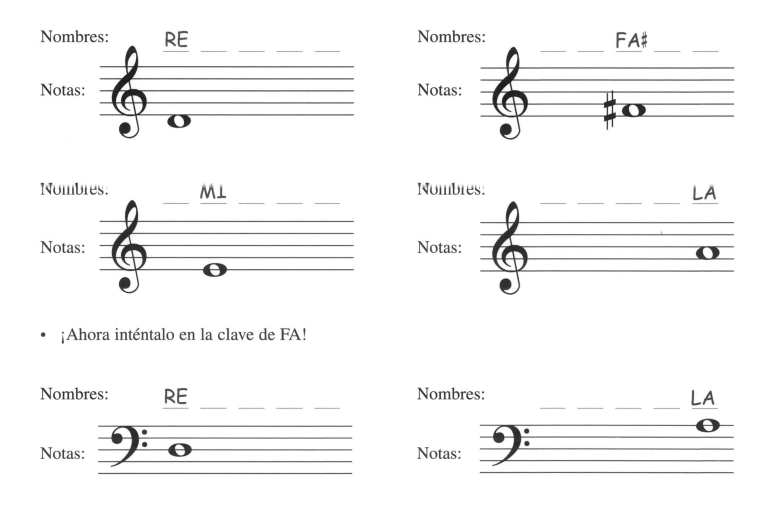

Nombres: RE __ __ __ __

Notas:

Nombres: __ __ FA♯ __ __

Notas:

Nombres: __ __ MI __ __

Notas:

Nombres: __ __ __ __ LA

Notas:

- ¡Ahora inténtalo en la clave de FA!

Nombres: RE __ __ __ __

Notas:

Nombres: __ __ __ __ LA

Notas:

2. Marca los **tonos** ⌐_⌐ y los **semitonos** ∨ en todas las escalas anteriores (mira el ejemplo al comienzo de la página).

Primavera*

Ejercicio de calentamiento

* Marca y cuenta el ritmo de la melodía.

Escala de _____ de 5 dedos

Antonio Vivaldi
(1678–1741, Italia)
adaptación

* de *Las cuatro estaciones*

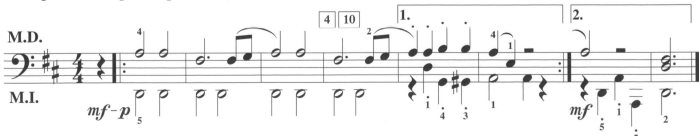

Acompañamiento para el profesor (el alumno toca *1 octava más alto*):

Acerca de Vivaldi

- Lee esta divertida historia acerca de Vivaldi.

El papá de Antonio era barbero, panadero y violinista. Le enseñó a su pequeño hijo a tocar el violín. Vivaldi se convirtió en sacerdote y lo llamaban el "cura rojo", por el color flamante de su cabello. Durante años enseñó en un orfanato de niñas en Italia. La gente venía desde lejos para oír la hermosa música que Vivaldi componía para sus talentosas alumnas. ¡Compuso más de 500 conciertos! Un concierto es una pieza para uno o más instrumentos, acampañados por una orquesta.

Intervalos en la escala de RE de 5 dedos

- Dibuja los intervalos y luego escribe los nombres de ambas notas. Utiliza solo las notas de la **escala de RE de 5 dedos**. Pista: ¡recuerda incluir el FA♯!

sube una 3.ª

Ej. RE FA#

sube una 4.ª

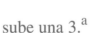

— —

baja una 3.ª

— —

sube una 4.ª

— —

sube una 2.ª

— —

sube una 3.ª

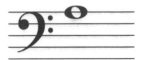

— —

baja una 5.ª

— —

baja una 4.ª

— —

baja una 3.ª

— —

sube una 5.ª

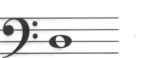

— —

baja una 2.ª

— —

sube una 5.ª

— —

Soy pirata

Escala de _____ de 5 dedos

Vivo

(Rebota ligeramente la mano con el brazo relajado).

5 ¿5 en? ___

9

Acompañamiento para el profesor (el alumno toca *1 octava más alto*):

M.D.

M.I.

5 9

gus - ta mos - trar mi par-che y mi ci - ca - triz. *f* Soy pi -

ra - ta, soy pi - ra - ta, ¡y vi - vo fe - liz!

DESCUBRIMIENTO Encierra en un círculo el *calderón* para la M.I. ¿Qué significa?
¿Puedes transponer esta canción a la **escala de DO de 5 dedos**?

La celebración del castillo

En esta pieza las manos cambian de posición entre los **acordes de DO** y **RE**.

Ejercicio de calentamiento: toca alternando los acordes de **RE** y **DO**.

Hazlo con la mano izquierda y luego con la derecha.

Técnica e interpretación, páginas 28-29

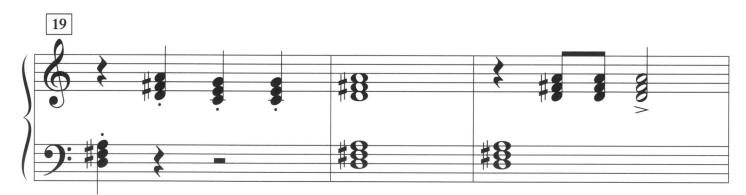

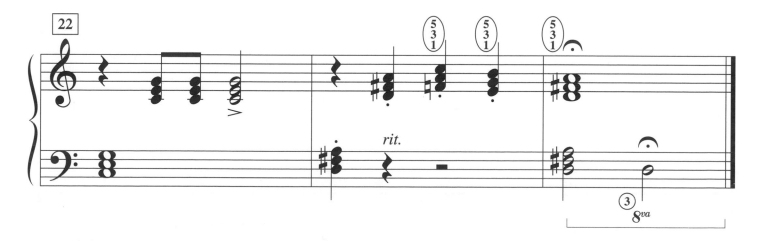

CREACIÓN Invéntate una canción usando los **acordes de RE** y **DO** por todo el teclado. Escoge un título divertido.

La escala de LA de 5 dedos

- Encuentra la escala de LA de 5 dedos usando la "fórmula secreta".
  Observa cómo el dedo 3 descansa cómodamente sobre la tecla negra.

Caminata con merienda

Acordes de LA y SOL combinados

CREACIÓN Prolonga esta pieza utilizando **acordes** y **arpegios de SOL**.
Luego repite con acordes y arpegios de **LA**.

- Encierra en círculos todos los **matices**. ¿Puedes incluirlos en tu interpretación?

El vuelo de Peter Pan

Escala de _____ de 5 dedos

Volando con gracia

¿1 en?

f Vue - la, vue - la Pe - ter Pan, mp vue - la, vue - la Pe - ter Pan.

¿5 en?

5 mf Pe - ter Pan vue - la en la no - che.

9 f Vue - la, vue - la Pe - ter Pan, mp vue - la, vue - la Pe - ter Pan,

13 mf so - bre las ca - sas de la ciu - dad.

Eleva la muñeca y prepara la M.D.

17 8va mp ritardando 15ma (2 octavas más alto) p

Escribe la escala de LA

Nombres
de las notas:

LA SI DO♯ RE MI

Notas:

T = **Tono**
se indica
con el símbolo ⌴

S = **Semitono**
se indica
con el símbolo ∨

"Fórmula secreta":   T   T   S   T

1. • Completa los nombres de las notas de la **escala de LA de 5 dedos**
     para cada pentagrama.

    • Luego dibuja las redondas que faltan en el pentagrama.

Nombres: LA ___ ___ ___ ___

Notas:

Nombres: ___ ___ DO♯ ___ ___

Notas:

Nombres: ___ SI ___ ___ ___

Notas:

Nombres: ___ ___ ___ ___ MI

Notas:

   • ¡Ahora inténtalo en la clave de FA!

Nombres: LA ___ ___ ___ ___

Notas:

Nombres: ___ ___ ___ ___ MI

Notas:

2. Marca los **tonos** ⌴ y los **semitonos** ∨ en todas las escalas anteriores (mira el ejemplo
al comienzo de la página).

El vuelo con escalas de Peter Pan

- Escribe los nombres de las escalas y los acordes que Peter Pan ve durante su vuelo.

escala de _____

acorde de _____

escala de _____

escala de _____

acorde de _____

acorde de _____

escala de _____

acorde de _____

escala de _____

acorde de _____

acorde de _____

acorde de _____

- ¿Puedes tocar cada ejemplo en el piano?

Calentamiento de *boogie-woogie* para la M.I.

- Practica el **patrón de** *boogie* en los *compases 1–2*, hasta que sea fácil de tocar.

  Pista: siente el semitono entre los **dedos 3** y **2**.

La banda de *boogie-woogie*

Escala de _____ de 5 dedos

Alegre

¿5 en?__
¿1 en?__

f patrón de *boogie*

¿1 en?__
¿5 en?__

3 2 1/5 3 2 1/5

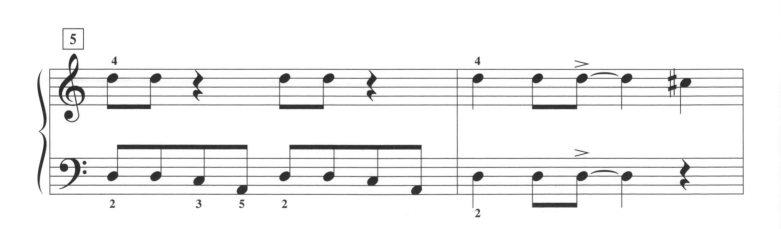

Técnica e interpretación, páginas 32-33

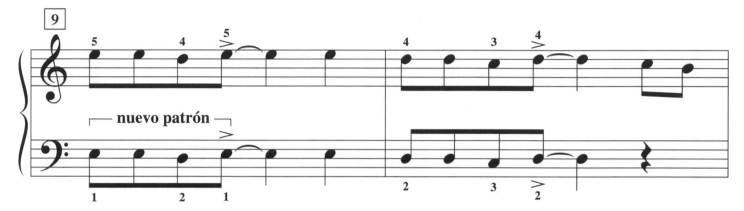

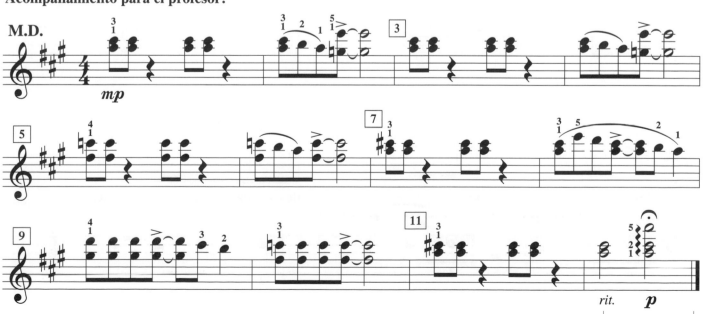

DESCUBRIMIENTO

Toca *La banda de boogie-woogie* con la M.I. **una octava más bajo**.

Acompañamiento para el profesor:

Nuevo: línea adicional de MI

- ¿Puedes escribir los nombres de las notas del pentagrama de arriba sin mirar el ejemplo de la izquierda?

DO, RE y MI se escriben en unas líneas cortas llamadas **líneas adicionales** (o **suplementarias**). MI se escribe una línea adicional hacia arriba del DO Central.

- Toca estas tres notas mientras dices sus nombres.

Hojas al viento

Escala de _____ de 5 dedos

Moderado

mp

¿5 en? 2 1

3 ¿4 en? ___ 2

Ho - jas   vue - lan en el ai - re,

5   1

5 4

ho - jas   lle - nas de co - lor.

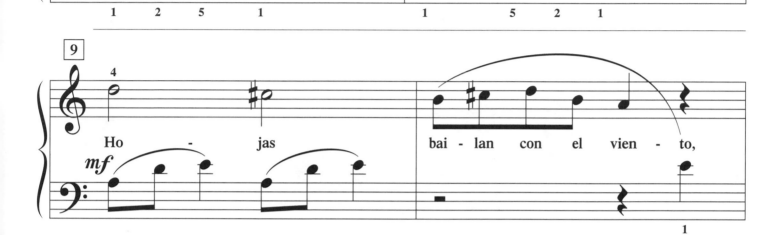

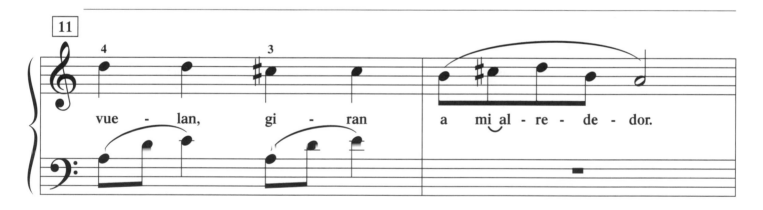

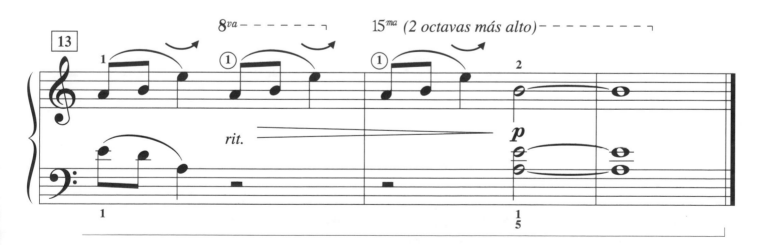

CREACIÓN Cambia el patrón de la M.I. a LA-DO-MI con los dedos 5-3-1. Cambia el patrón de la M.D. usando solamente teclas blancas: LA-SI-DO-RE-MI. Ahora toca la pieza e inventa un título nuevo.

Recuerda, **improvisar** significa crear "en el momento".

Improvisa tu propia música para describir las "hojas en el viento" haciendo lo siguiente:

- Escucha cómo tu profesor toca el acompañamiento.
  Siente el movimiento circular de la música.

- Con la M.D., toca las notas de la **escala de LA mayor de 5 dedos** EN CUALQUIER ORDEN. Comienza con una nota muy L-A-R-G-A, después otra. Poco a poco deja que tus dedos se muevan más rápidamente, tocando otras notas de la escala.

- Para terminar, deja que la música se vaya desvaneciendo junto con el acompañamiento.

Hojas al viento (improvisación)

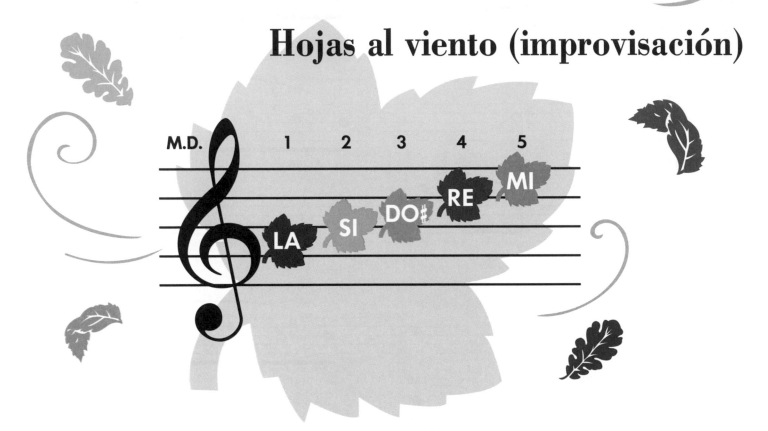

Acompañamiento para el profesor durante la improvisación (el alumno improvisa en el *registro alto*):

Repetir ad lib.
Rit. y dim. *para terminar.*

- Identifica los **acordes** a continuación. Pista: fíjate en la nota *más baja*.
- Luego nombra las tres notas de cada acorde. Pista: comienza de abajo hacia arriba.

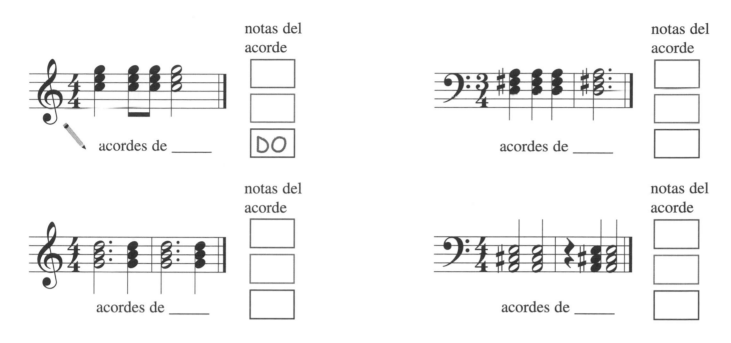

acordes de _____

acordes de _____

acordes de _____

acordes de _____

ENTRENAMIENTO
AUDITIVO

Escucha: tu profesor tocará una melodía. ¿Termina en la **tónica** o en la **dominante**?
Encierra en un círculo la hoja verde o la hoja amarilla en cada ejemplo.
Pista: la **tónica** suena como el final de la pieza. La **dominante** suena incompleta.

(encierra en un círculo una de las dos)

1. tónica grado 1 — dominante grado 5
2. tónica grado 1 — dominante grado 5
3. tónica grado 1 — dominante grado 5

4. tónica grado 1 — dominante grado 5
5. tónica grado 1 — dominante grado 5
6. tónica grado 1 — dominante grado 5

Para uso exclusivo del profesor: los ejemplos se pueden tocar en cualquier orden.

Sonidos mayores y menores

Ya aprendiste las escalas mayores de 5 dedos de DO, SOL, RE y LA.
El patrón de las escalas mayores es: **Tono - Tono - Semitono - Tono**.

1. Toca la escala de 5 dedos de **DO mayor**.

2. Ahora baja la tercera nota un *semitono*.

3. Esta es la escala de 5 dedos de **DO menor**. Tócala y escucha el sonido.

Tónica Tono Tono Semitono Tono

Tónica Tono Semitono Tono Tono

- **Practica** y **memoriza** cómo se *ven, sienten* y *suenan* estas escalas de 5 dedos.

Cambios de ánimo

DO mayor

acorde de DO mayor

DO menor

acorde de DO menor

SOL mayor

acorde de SOL mayor

SOL menor

acorde de
SOL menor

RE mayor

acorde de
RE mayor

RE menor

acorde de
RE menor

LA mayor

acorde de
LA mayor

LA menor

acorde de
LA menor

La palabra *tempo* se refiere a la velocidad de la música: rápida, lenta, etc.

La indicación de *tempo* se escribe encima del signo de compás.
Normalmente se usan palabras italianas.

Indicaciones de *tempo*

Allegro — rápido y vivo (♩ = **126–168**)

Moderato — moderado, más lento que *Allegro* (♩ = **108–120**)

Andante — "caminando", más lento que *Moderato* (♩ = **76–104**)

La danza de las espadas

Escala de _____ de 5 dedos

Acompañamiento para el profesor (el alumno toca *1 octava más alto*):

Técnica e interpretación, páginas 34-35

En un castillo viejo

Secondo

Parte del profesor

Ferdinand Beyer
(1803–1863, Alemania)

En un castillo viejo

Primo

Escala de _____ de 5 dedos

Toca con AMBAS MANOS 1 octava MÁS ALTO siempre.
Observa que las manos tocan en movimiento paralelo.

Ferdinand Beyer
(1803–1863, Alemania)

DESCUBRIMIENTO

¿Puedes transponer *En un castillo viejo* a **RE menor**?

73

Sonidos mayores y menores

Escala mayor:
El semitono está entre las notas **3 y 4**.

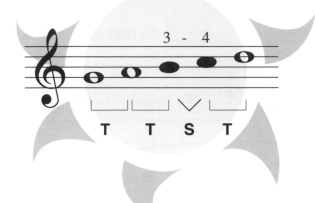

Escala menor:
El semitono está entre las notas **2 y 3**.

Cambios de clima

1.
- Encierra en un círculo el símbolo correcto en cada ejemplo.
  MAYOR es ☀, MENOR es ☁.

- Luego escribe **mayor** o **menor** en el espacio en blanco.

a. Ej. _mayor_

b. _____

c. _____

d. _____

e. _____

f. _____

Cambio menor de clima

2. • Completa cada **escala menor de 5 dedos**.
Deberás escribir bemoles *en frente* de algunas notas.

• Luego marca los tonos └──┘ y los semitonos ∨ .

DO menor

Ej.   T   S   T   T

LA menor

DO menor

¿Necesitas un ♭?

SOL menor

Escribe la escala menor

3. • Ahora escribe tus propias escalas menores de 5 dedos. Añade bemoles si es necesario.

• Marca los **tonos** └──┘ y los **semitonos** ∨ .

LA menor

SOL menor

RE menor

RE menor

DO menor

SOL menor

- Primero practica esta pieza en *tempo* de *andante*.

El jinete de la noche

Escala de DO menor de 5 dedos

Acompañamiento para el profesor (el alumno toca *1 octava más alto*):

DESCUBRIMIENTO

¿Cuántos tiempos dura cada **silencio de redonda** en esta pieza? ___

¿Puedes transponer *El jinete de la noche* a la **escala de SOL menor de 5 dedos**?

Ejercicio de calentamiento para la M.D.
(¡Imita a tu profesor!)

Fiesta *Jazz*

Escala de _____ de 5 dedos

Rápido, con ímpetu

DESCUBRIMIENTO Encierra en un círculo un **acorde de DO menor** en esta pieza.

Acompañamiento para el profesor (el alumno toca *1 octava más alto*):

Fiesta *Jazz* – Improvisación

Estás listo para crear tu propia Fiesta *Jazz*. ¡Sigue las instrucciones!

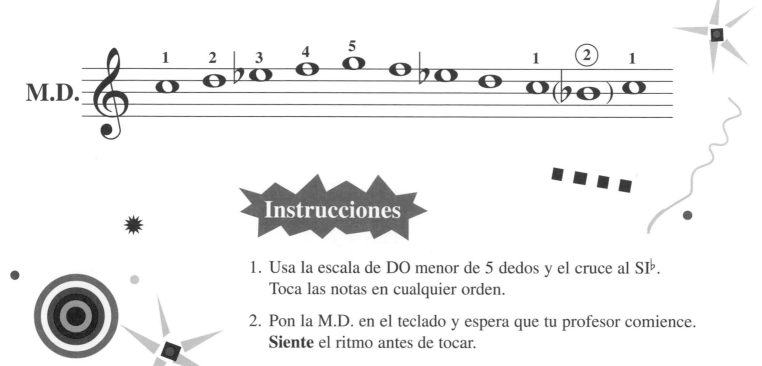

Instrucciones

1. Usa la escala de DO menor de 5 dedos y el cruce al SI♭. Toca las notas en cualquier orden.

2. Pon la M.D. en el teclado y espera que tu profesor comience. **Siente** el ritmo antes de tocar.

3. Pista: toca muchas notas repetidas, experimenta con pasos o saltos y toca algunas notas l-a-r-g-a-s.

4. Cuando tu profesor diga: "Vuelve a comenzar, ¡ya!", vuelve a la página 78 y toca la pieza de nuevo para terminar

Acompañamiento para el profesor:

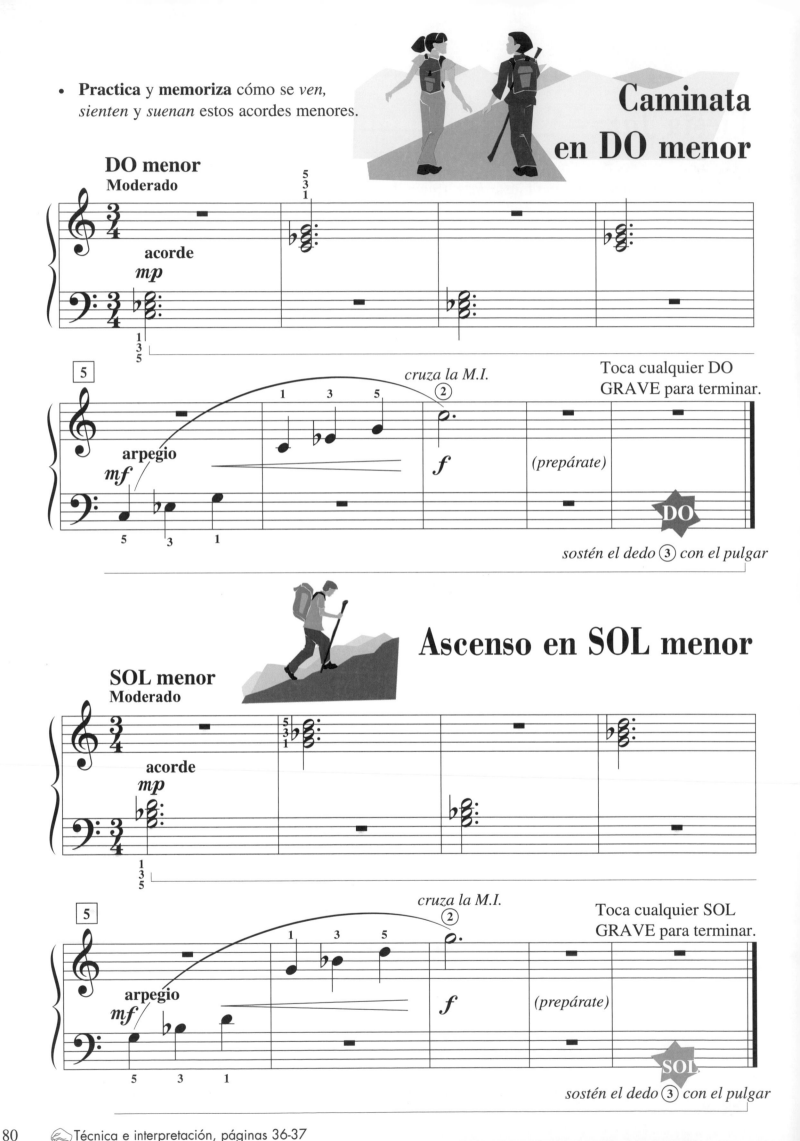

- **Practica** y **memoriza** cómo se *ven*, *sienten* y *suenan* estos acordes menores.

Caminata en DO menor

DO menor
Moderado

acorde
mp

arpegio
mf

cruza la M.I.

Toca cualquier DO GRAVE para terminar.

f

(prepárate)

DO

sostén el dedo ③ con el pulgar

Ascenso en SOL menor

SOL menor
Moderado

acorde
mp

arpegio
mf

cruza la M.I.

Toca cualquier SOL GRAVE para terminar.

f

(prepárate)

SOL

sostén el dedo ③ con el pulgar

Técnica e interpretación, páginas 36-37

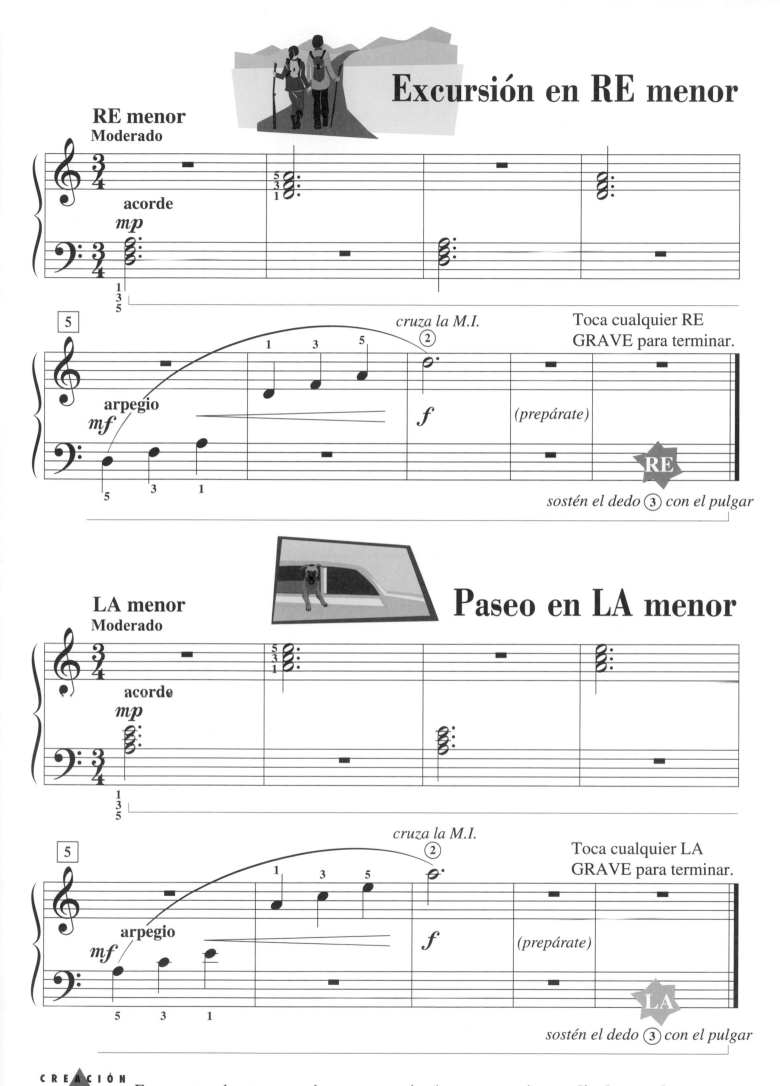

Excursión en RE menor

RE menor
Moderado

acorde
mp

5 *arpegio*
mf

cruza la M.I.
②

Toca cualquier RE
GRAVE para terminar.

f

(prepárate)

RE

sostén el dedo ③ con el pulgar

Paseo en LA menor

LA menor
Moderado

acorde
mp

5 *arpegio*
mf

cruza la M.I.
②

Toca cualquier LA
GRAVE para terminar.

f

(prepárate)

LA

sostén el dedo ③ con el pulgar

CREACIÓN

Escoge uno de estos acordes menores e invéntate tu propio **estudio de acordes**.

Como armonizar una melodía

1.

Mira la canción *Dile a mi tía Rhody* en la página siguiente. Fíjate en dos cosas importantes:

- La melodía para la M.D. está escrita en un pentagrama con clave de SOL.

- Los nombres de los acordes están escritos encima de la melodía.
  Estos acordes se tocan con la M.I. para crear la armonía de la pieza.
  ¡El pentagrama con clave de FA para la M.I. no está!

2.

Instrucciones para tocar *Dile a mi tía Rhody*:

- Toca solamente la melodía (página 83).

- Luego toca el ejercicio de calentamiento con acordes que aparece a continuación.

- Finalmente, toca la melodía y también los **acordes** en el primer tiempo de cada compás. Sigue los nombres de los acordes.

Ejercicio de calentamiento con acordes

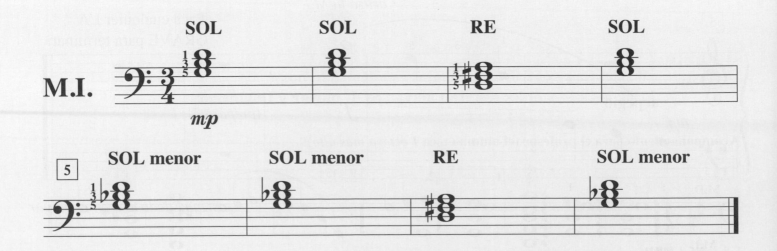

82

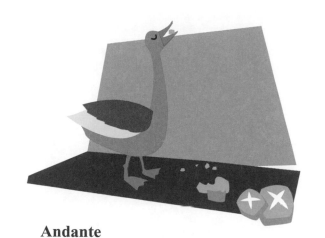

Dile a mi tía Rhody
(Go Tell Aunt Rhody)

SOL mayor y SOL menor

Canción tradicional de Estados Unidos

Ve a de - cir - le a mi tí - a Rho - dy,
Go tell Aunt Rho - dy, go tell Aunt Rho - dy,

ve a de - cir - le que el gan - so se co - mió: el
go tell Aunt Rho - dy her goose has just been fed. She

pan de mi tí - a, el flan del tí - o Sam,
ate Aunt - ie's muf - fin, ate Un - cle's hot cross buns,

y de mi a - bue - lo la tor - ta se tra - gó.
ate Grand - pa's roll and a loaf of fresh - baked bread!

DESCUBRIMIENTO

¿Puedes transponer *Dile a mi tía Rhody (Go Tell Aunt Rhody)* a la escala de DO?
Pista: los tres acordes son: **DO mayor, SOL mayor** y **DO menor**.

Acompañamiento para el profesor (el alumno toca *1 octava más alto*):

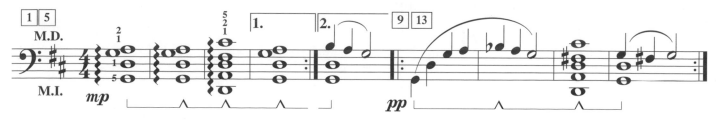

El encantador de serpientes
Escala de SOL menor de 5 dedos

Para un efecto especial, en esta pieza el dedo 4
de la M.D. sube a DO♯.

Moderado

Tócalo 3 veces.

¿1 en?

La serpiente sube y baja con la música...

¿5 en?

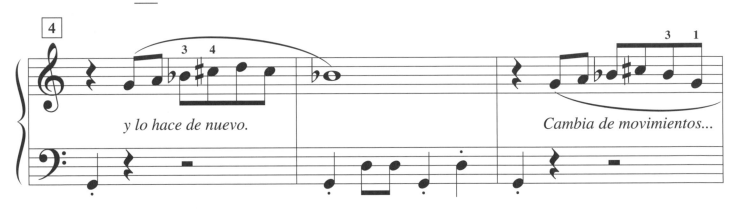

y lo hace de nuevo.

Cambia de movimientos...

prepara la M.D.

y se esconde en la canasta.

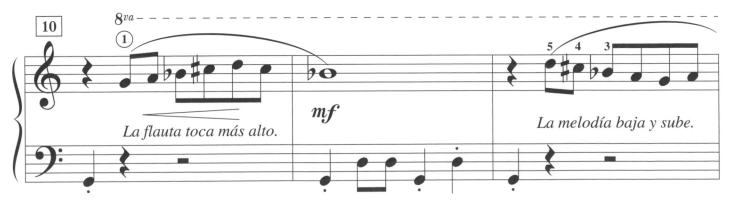

La flauta toca más alto.

La melodía baja y sube.

Técnica e interpretación, páginas 38-41

La serpiente se retuerce con la música...

y se vuelve a esconder en la canasta.

(prepara la M.D.)

como está escrito

¡La serpiente se levanta para atacar!

¿Atacará?

¡Ufff! ...se vuelve a esconder.

DESCUBRIMIENTO Encuentra tres compases con este ritmo en la M.D.: ![ritmo]

compases _____ , _____ y _____ .

Nota para el profesor: las siguientes **12 escalas mayores de 5 dedos** se pueden enseñar a lo largo del Nivel 3. Un objetivo final podría ser tocar los "*Ejercicios de calentamiento aventureros*" subiendo cromáticamente por el teclado.

Para aventureros

- Usa los "ejercicios de calentamiento aventureros" para explorar cada escala.

- Encierra en un círculo el teclado de cada escala que aprendas.

- Transpón canciones del libro a estas tonalidades aventureras.

Ejercicio de calentamiento aventurero en DO

Los **acordes de DO, SOL** y **FA** son de teclas:

blanca-blanca-blanca.

Los **acordes de RE, LA** y **MI** son de teclas:
blanca-negra-blanca.

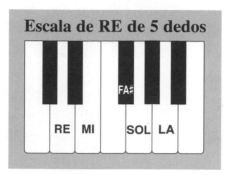

Escala de RE de 5 dedos

FA♯

RE MI SOL LA

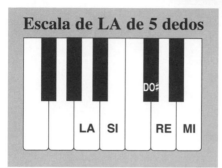

Escala de LA de 5 dedos

DO♯

LA SI RE MI

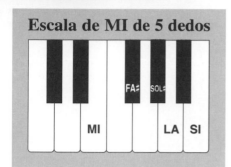

Escala de MI de 5 dedos

FA♯ SOL♯

MI LA SI

Los **acordes de RE♭, LA♭** y **MI♭** son de teclas:
negra-blanca-negra.

Escala de RE♭ de 5 dedos

RE♭ MI♭ SOL♭ LA♭

FA

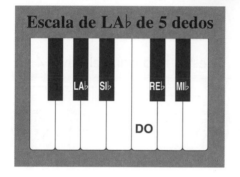

Escala de LA♭ de 5 dedos

LA♭ SI♭ RE♭ MI♭

DO

Escala de MI♭ de 5 dedos

MI♭ LA♭ SI♭

FA SOL

¡Los **acordes de FA♯** (o **SOL♭**), **SI♭** y **SI** son todos *diferentes*!

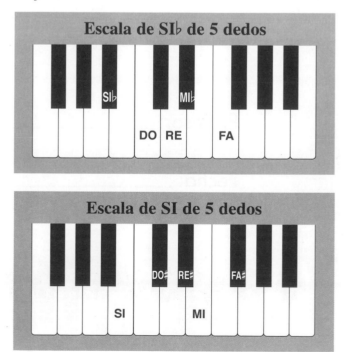

Escala de SI♭ de 5 dedos

SI♭ MI♭

DO RE FA

Escala de FA♯ de 5 dedos

FA♯ SOL♯ LA♯ SI DO♯
SOL♭ LA♭ SI♭ DO♭ RE♭

o de SOL♭ de 5 dedos

Escala de SI de 5 dedos

DO♯ RE♯ FA♯

SI MI

DESCUBRIMIENTO

Dibuja en otra hoja montañas con picos blancos y negros para
ilustrar los acordes de FA♯ (o SOL♭), SI♭ y SI.

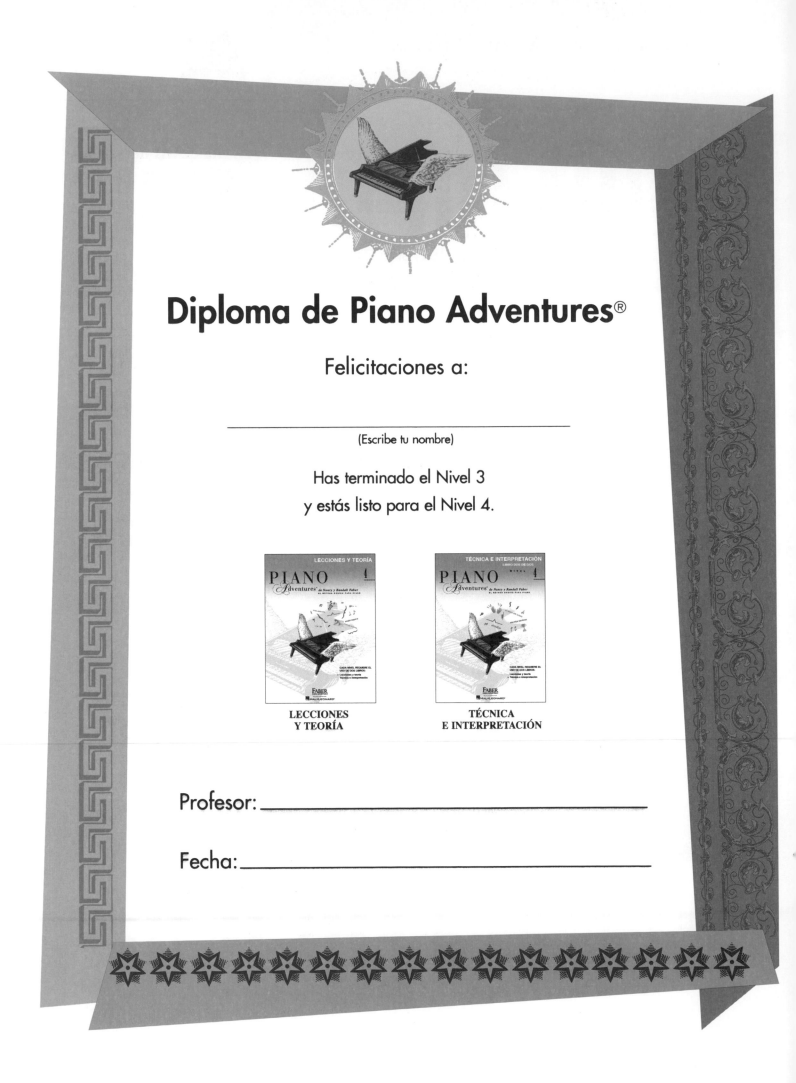

Diploma de Piano Adventures®

Felicitaciones a:

_____

(Escribe tu nombre)

Has terminado el Nivel 3
y estás listo para el Nivel 4.

LECCIONES Y TEORÍA

TÉCNICA E INTERPRETACIÓN

Profesor: _____

Fecha: _____